Louis Kretz
Der Reiz des Paradoxen bei Jesus

Louis Kretz

Der Reiz des Paradoxen bei Jesus

Mit einem Vorwort von
Kurt Marti

Walter-Verlag
Olten und Freiburg im Breisgau

Alle Rechte vorbehalten
© Walter-Verlag AG, Olten 1983
Lektorat Josef Metzinger
Gesamtherstellung in den grafischen Betrieben
des Walter-Verlags
Printed in Switzerland

ISBN 3-530-49001-6

Inhalt

Zum Geleit

Ein «vorwitziger Laie» (so Louis Kretz über Louis Kretz), Altphilologe immerhin und deshalb Leser der neutestamentlichen Texte im griechischen Originaltext, hat dieses Jesus-Buch geschrieben. Ich sage mit Bedacht: *Jesus-Buch.* Was den Leser erwartet, ist nämlich weit mehr als bloß eine Rand- und Spezialstudie über das Paradoxe als Stilelement der Worte, der Gleichnisse und der Reden Jesu. Durch sorgfältige Beobachtung logischer und rhetorischer Figuren in den überlieferten Aussagen des Nazareners entfaltet Louis Kretz nach und nach, von immer neuen Seiten her, ein Jesus-Bild, dessen unsensationelle, darum um so eindrücklichere Lebendigkeit sich der Konsequenz verdankt, mit welcher die dialogischen Situationen, die zu den Formulierungen Jesu entscheidend mit beigetragen haben, ermittelt, erspürt oder auch hypothetisch vermutet werden. Als «vorwitziger Laie» nimmt Louis Kretz dabei, wie er selber anmerkt, ein bißchen Narrenfreiheit für sich in Anspruch, ohne diese aber zu strapazieren oder gar zu mißbrauchen. Anstatt «Narrenfreiheit» ließe sich sehr wohl auch sagen: Einfühlungsvermögen, Phantasie für mögliche Realität und etwas psychologischer «bon sens» – dies jedoch stets den Texten entlang, im unablässigen Hören auf sie! Auf diese Weise wird etwa dem «Verleugner» Petrus eine liebevolle Ehrenrettung zuteil, oder das steile Wort vom Hinhalten der anderen Wange wird aus dem Bereich des fast Unmöglichen sorgsam in denjenigen des uns Möglichen gerückt. Findet damit vielleicht eine Verharmlosung und Verbürgerlichung statt? Ich glaube nicht. Wie jeder, der sich auf die Jesus-Worte ernstlich einläßt, begibt sich auch Louis Kretz freilich auf Gratwanderungen, auf denen er bald vorsichtig, bald aber auch mit erstaunlicher Kühnheit seine Schritte setzt, so zum Beispiel, wenn er anläßlich der Brot- und Weinworte der Eucharistie, des Abendmahls, die übliche Opfertheorie behutsam ausklammert oder den «Sohn des Menschen» mit Begründungen, die sich hören und die aufmerken lassen, als den «Freund und Anhänger des Menschen», ja als «Kämpfer für den Menschen» interpretiert. Solcher Mut auch zu unkonventionellen Deutungen auf Grund einläßlicher Beschäftigung mit den Textquellen macht dieses Buch – Jesus-Buch! – überaus hilfreich für alle, die als einzelne oder in Gruppen, als Theologen oder als sogenannte «Laien» Bibelarbeit an den Evangelien betreiben möchten.

Mich hat überrascht, wie oft Louis Kretz Jesus ein Lächeln, hie und da sogar ein Lachen zuschreibt. In den Evangelien steht davon nichts. Kretz dagegen hört die paradoxen Sätze und Metaphern Jesu lächeln und lachen. Man muß es ihm glauben, wenn nicht immer, so doch überraschend oft. Gerade wem's ernst ist, kann lachen. Wer nie lacht, der ist wohl auch des kämpferischen Ernstes nicht fähig. Vor allem vergesse man nicht, was das Buch von Louis Kretz so überaus deutlich macht, nämlich daß Jesu Worte keine Dikta im luftleeren Raum, sondern stets Äußerungen im Dialog, in der Auseinandersetzung mit Freunden, Zweiflern, Gegnern gewesen sind. Da wird vermutlich auch das Lachen seinen Platz gehabt haben.

«Er kann sehr ironisch sein, niemals aber doppelzüngig oder zynisch», sagt Kretz von Jesus und knüpft damit an sein erstes Buch «Witz, Humor und Ironie bei Jesus» an, dessen erste Auflage 1981 ebenfalls im Walter-Verlag erschienen ist. Beide Bücher, das neue und das frühere, gehören zusammen, bilden ein zweiteiliges Jesus-Buch, das, um Lichtenberg zu zitieren, viele «neue Blicke durch alte Löcher» zu werfen erlaubt. Früher oder später werden sich auch professionelle Exegeten mit den beiden Büchern von Louis Kretz auseinandersetzen wollen. Jetzt aber und in erster Linie sind sie lebendige, weil eigenständige Erkenntnishilfen für alle Leser der Evangelien. Je bezweifelter und krisenhafter die Sache mit dem Christentum wird, desto aktueller wird die Sache mit Jesus. Auch das ein Paradox? Bloß scheinbar. Manche Zeichen deuten darauf hin, daß Heinrich Böll zu Recht hofft, aus dem Zerfall des etablierten Christentums werde ein neues Jesustum hervorgehen.

Unter diesem Aspekt sind verschiedene Entwicklungen unter Christen und Nichtchristen der Dritten Welt besser zu verstehen. Unter diesem Aspekt sind, glaube ich, auch die Bücher des bescheidenen, aber hartnäckigen Bürgers und Christen Louis Kretz mit Gewinn zu lesen.

Kurt Marti

Was dieses Buch will

Was veranlaßte mich, einen gewöhnlichen Laien, über Jesus von Nazaret zu schreiben? Da war zuerst ein Unbehagen über den Tonfall feierlicher Andacht, den ich gelegentlich in kirchlicher Predigt wahrnahm, wenn eines seiner Worte gelesen und ausgelegt wurde. Mit dem Unbehagen verband sich ein Gefühl des Widerspruchs: so habe er nicht gesprochen – manchmal aber auch: so habe er es nicht gemeint. Versuchte ich mir dann vorzustellen, ich befände mich unter den damaligen Zuhörern und schaute ihm ins Gesicht, so klang mir sein Wort anders. Und oft hörte ich Witz darin. Ich begann meine Beobachtungen zu ordnen, und es entstand ein kleines Buch, das 1981 unter dem Titel herauskam: «Witz, Humor und Ironie bei Jesus». Obgleich es wohlwollende und im ganzen zustimmende Aufnahme fand, merkte ich, daß manchem Leser der Gedanke an Witz in den Worten Jesu nicht recht behagen will. So bleiben zum Beispiel einige recht beharrlich dabei, die grotesken Bilder – etwa den Balken im Auge, das Kamel durch ein Nadelöhr – durch irgendeine der gängigen Umdeutungen zu entschärfen und, wie sie meinen, zu verbessern und annehmbar zu machen. Sie trauen

Jesus keine surrealistischen Bilder zu. Das wäre weiter nicht schlimm – wenn damit nicht eine verhängnisvolle Verfälschung des Jesus-Bildes verbunden wäre.

In diesem zweiten Buch möchte ich von einer anderen Seite her und anhand anderer Beispiele zeigen, daß man all das Paradoxe und Groteske in seinen Worten nicht mildern oder gar für unecht erklären, sondern als echt und zu seinem Wesen gehörig gelten lassen sollte, ja, daß diese Kühnheiten jeweils geradezu einem Echtheitsstempel gleichzusetzen sind. Ich möchte zeigen, daß selbst ernsteste und tiefste Worte Jesu diesen Stempel tragen. Nennen wir dessen wesentliches Zeichen das ‹Paradoxe›, so meinen wir sowohl den weiteren als auch den engeren Umfang des Begriffs. Paradox heißt ursprünglich und in weitester Bedeutung ‹an der Meinung vorbei›, wider Erwarten, also: überraschend, verblüffend. In engerem und strengerem Gebrauch nennt man eine Aussage paradox, die einen widersinnigen und in sich widersprüchlichen Wortlaut aufweist, hinter welchem aber trotzdem ein vernünftiger Sinn deutlich wird. Dieses engere und eigentliche ‹Paradoxon› aber als ein Wortspiel entstammt dem Geistesbezirk des Witzes. Und insofern besteht zwischen meinem ersten Buch und diesem zweiten eine enge Beziehung. Doch setzt das zweite nicht die Kenntnis des ersten voraus.

★

Zur Verdeutlichung meines Anliegens gleich ein Beispiel, bei dem wir Gelegenheit haben, uns ein erstes Mal zu wundern.

Die Botschaft Jesu ist so leicht faßlich, daß Menschen mit geringen Geistesgaben sie ebenso gut verstehen wie Kluge. Jesus selber sagt dies – aber wie sagt er es! Er faßt den Gedanken in eine so überspitzt-paradoxe Form, daß der Wortlaut die Mauer der Richtigkeit durchstößt (Lk 10,21):

Damals rief Jesus, vom heiligen Geist erfüllt, voll Freude aus: Ich preise dich, Vater, Herr des Himmels und der Erde, daß du dies Weisen und Klugen verborgen, Unmündigen aber offenbart hast.

Er sagt nicht: Kluge und Unmündige verstehen gleich gut – was bereits überraschend genug wäre; denn Kluge sollten doch alles ein bißchen besser begreifen als Dumme. Sondern er sagt: Weise und Kluge verstehen die Botschaft nicht, Menschen bescheidenen Geistes verstehen sie. Dies kann, wörtlich genommen, unmöglich ‹richtig› sein. Jesus hätte leicht durch irgendeine beigegebene Einschränkung die ‹Richtigkeit› retten können – etwa so: Weise und Kluge verstehen die Botschaft *manchmal* nicht – oder: *allzu* Weisen ist sie verschlossen... Nein, da sich ihm das Paradoxon anbietet, benutzt er es freudig. Er schwächt den Widersinn nicht ab. Im Laufe dieses Buches wird deutlich werden, daß er nie eines seiner kühnen Worte entschärft, auch das tollkühnste und wildeste nicht, auch nicht, wenn die Aussage in ihrem wörtlichen Wortlaut ‹unrichtig›, sogar ‹widersinnig› geworden ist. Auch wir sollten solche Worte nicht ihrer Kühnheit berauben.

Aber etwas noch weit Verwegeneres stellen wir an unserem Beispiel fest. Jesus erkühnt sich, Gott selber zu loben und zu preisen für eine dem Wortlaut nach widersinnige Einrichtung, die doch eigentlich in ungerechter Weise einen Teil der Menschen, nämlich gerade weise und kluge, vom Verständnis der Botschaft und damit vom kommenden Himmelreich ausschließt. Müßte der Vater im Himmel ob solcher Unterstellung nicht in Zorn ausbrechen? Daran denkt Jesus nicht im geringsten – welch ein Beweis seines freien und hellen Gottesverständnisses! Gott wird das Kühn-Widersprüchliche so hören, wie es gemeint ist.

Und die damaligen staunenden Zeugen des jubelnden Ausbruchs? Gerade das Über-alles-Hinausschlagen dieser Worte reißt sie zu dem Überschwang des Meisters empor. Und sie möchten am liebsten in seinen Jubel einstimmen; denn sie verstehen genau, was er meint: daß nämlich das Kommen des Himmelreichs ganz offensichtlich *möglich* ist, weil jeder, auch der Dümmste, die Lehre des Mannes von Nazaret begreifen kann – und mögen auch die Neunmalweisen in ihrer Verblendung dazu nicht imstande sein!

Wer nicht für mich ist

Auf Überraschendes stoßen wir in den Worten Jesu sogar da, wo wir das am allerwenigsten erwarten – nämlich in festen Redensarten, die er aus dem vorhandenen Sprachgebrauch übernimmt. Dabei meine ich nicht, daß sich auch in geläufigem Sprachgut Paradoxes findet, das ist selbstverständlich. Ich denke vielmehr an Stellen, wo Jesus so kühn ist, eine bestehende Redensart in umgekehrtem Sinn zu benutzen.

Das streitbare Wort «Wer nicht für mich ist, ist gegen mich» liegt jedem Verfechter einer neuen Ordnung sozusagen in Reichweite. Es wendet sich vor allem gegen die verstockten Gleichgültigen, die durch ihr Schweigen zu verstehen geben, daß sie die neue Sache nicht einmal an sich herankommen lassen; sie werden mit diesem Wort kurzerhand zu den Gegnern gerechnet – zu Unrecht, wenn man es genau nimmt, da sie sich zwar nicht *für,* aber doch auch nicht *gegen* die neue Sache und ihren Verfechter entscheiden.

Der Satz findet sich in den überlieferten Worten Jesu zweimal. Befassen wir uns kurz mit der Stelle, in welcher er die gewohnte Form aufweist, danach mit der anderen, die ihn in der Umkehrung bringt. Jesus sagt (Mt 12,30):

Wer nicht mit mir ist, der ist gegen mich; und wer nicht mit mir sammelt, der zerstreut.

Unsere Redensart wird von einem sehr paradoxen Nachsatz begleitet und bezieht aus diesem sogar die kleine Veränderung «Wer nicht *mit mir* ist» (statt «für mich»). Der Sinn ist dabei der gleiche geblieben; denn einer, der ‹mit mir› ist und ‹auf meiner Seite steht›, ist auch ‹für mich›. Im Nachsatz dagegen heißt ‹mit mir› soviel wie ‹gemeinsam mit mir›; es lag Jesus daran, durch den hergestellten Gleichlaut den engen Zusammenhang der beiden Teile zu betonen.

Den sonderbaren Nachsatz beginnen wir erst nach einer kleinen Weile der Verwunderung zu verstehen: Es ist nicht genug, daß einer sich bloß zu Jesus und seiner Botschaft bekennt. Darüber hinaus ist unerläßlich: daß er die Botschaft *lebt,* sich tätig einsetzt, auch andere für die Sache und das Ziel (das Kommen des Himmelreichs) zu gewinnen sucht, daß er ‹sammelt›. Wer es beim bloßen Wortbekenntnis bewenden läßt, nützt der Sache nichts, er schadet ihr; denn seine Untätigkeit zeigt den Mitmenschen, daß ihm die Sache doch nicht den großen Einsatz wert ist, und sie wenden sich ab. Statt zu sammeln, zerstreut er. «Wer nicht sammelt, der zerstreut» – dem Wortlaut nach nicht weniger überspitzt als etwa die Behauptung: Wer nicht baut, reißt nieder.

Dieser zweite Satz scheint mir eine Bestätigung dafür zu sein, daß der erste (Wer nicht für mich ist…) für Jesus und seine Zeitgenossen eine bekannte Redensart war. Es ist nämlich zu beobachten, daß Jesus, wenn er einen schon vorgeprägten Gedanken in eigener Rede übernimmt, diesen in irgendeiner Weise mit besonderer, ja neuer Kraft ausstatten möchte. Er läßt ihm etwa zur energischen Bekräftigung einen zweiten folgen, der dem gewohnten Gedanken einen gesteigerten und strengeren Sinn gibt. Das leuchtendste Beispiel hierfür betrifft das seit Mose bekannte Gebot, das Jesus zum Kern seiner Lehre macht: «Liebe deinen Nächsten wie dich selbst.» Gegen alle Abschwächungsversuche, denen das Gebot ausgesetzt war, will er ihm die uneingeschränkte und äußerste Gültigkeit sichern, indem er ihm folgen läßt (Mt 5,44): «Ich aber sage euch: Liebt eure Feinde!»

Zwar ist unser Wort «Wer nicht für mich ist...» nicht von solch gewaltiger Höhe, aber Jesus hatte doch auch hier das Bedürfnis, es aus der Festgeprägtheit herauszuheben und ihm den zweiten, noch kühneren Gedanken nachzuschicken.

*

Nun aber ist Jesus imstande, diese Redensart, die er hier durch Verleihung besonderen Gewichtes als seine Aussage bestätigt, ein anderes Mal ins Gegenteil umzukehren: «Wer nicht *gegen* uns ist, der ist für uns.» Der Jünger Johannes, einer der Söhne des Zebedäus, kam einmal zum Meister gelaufen und meldete ihm voller Stolz, wie er und einige seiner Mitjünger sich

17

wacker für ihre Sache eingesetzt hätten. Es handelte sich um folgendes (Mk 9,38–41):

Johannes sagte zu ihm: Meister, wir haben gesehen, wie einer, der nicht zu uns gehört, in deinem Namen Dämonen austrieb, und wir hinderten ihn daran. Jesus aber sprach: Hindert ihn nicht! Denn keiner, der auf meinen Namen hin eine machtvolle Tat tut, wird hinterher schlecht von mir reden. Denn wer nicht gegen uns ist, der ist für uns. Denn seht: wer euch einen Becher Wasser zu trinken gibt auf meinen Namen hin, wahrlich, ich sage euch: Er wird nicht um seinen Lohn kommen.

Ein fremder Mensch geht umher, treibt Dämonen aus, das heißt: heilt Kranke, und beruft sich dabei auf Jesus. Die Jünger, empört über solche Anmaßung, verbieten ihm recht unsanft die Fortsetzung seiner Tätigkeit. Und als nun Johannes dem Meister hierüber berichtet, heimst er anstelle des erwarteten Lobes eine Rüge ein. Der Meister verwirft, ohne nach näheren Umständen zu fragen, sofort und von vornherein das Vorgehen: «Hindert ihn nicht!»

Nicht ganz unmüßig ist die Frage, in welcher Weise sich jener Mensch auf Jesus berief. Der Jünger Johannes sagt: «In deinem Namen» handelt jener, als hätte er deinen Auftrag. Der Meister biegt die Anklage ganz sachte und beiläufig ins Harmlose ab: «auf meinen Namen hin» (so ist es überliefert), was etwa heißt, jener sage den Leuten, er tue das gleiche wie der Mann aus Nazaret.

Krankenheilungen, nach der Anschauung der Zeit

ein Kampf gegen den Satan und dessen Dämonen, gehören für Jesus und die Jünger zur Arbeit für das Kommen des Reichs Gottes. Die bösen Wesen sollen vertrieben werden, sie haben dort nichts zu suchen. Da aber Jesus die Menschen aufruft, zur Verwirklichung jener heilen und gesunden Welt beizutragen, ist ihm jeder, der sich am Kampf gegen den Bösen und dessen Gehilfen beteiligt, willkommen. Es darf nicht geschehen, daß in der neuen Ordnung der Welt, ja noch ehe sie da ist, ein paar wenige den Anspruch erheben, sie seien in den Dingen, die Gott (und dessen Widerpart, den Satan) betreffen, die allein Zuständigen. In der neuen Ordnung soll es keine neuen Pharisäer geben. So erklärt er nun, wenn einer eine «machtvolle Tat» tue, wie eben das Vertreiben der Dämonen eine ist, und sich dabei auf ihn, den Meister, berufe, so könne er unmöglich sein Feind sein. Und er fügt lächelnd hinzu: «Denn wer nicht *gegen* uns ist, der ist für uns.»

Lächelnd? Sobald Jesus bei einem Jünger einen Anflug von Selbstgerechtigkeit bemerkt, schreitet er ein, entweder mit äußerster Schärfe oder mit leichtem Spott. Hier hat er den Spott gewählt. Denn was er spricht, ist eben die genaue Umkehrung des gewohnten Satzes. Jetzt sagt er: «Wer nicht *gegen* uns ist, ist für uns.» Wenn aber einer bewußt und absichtlich eine allgemein geltende Redewendung umdreht und deren Gegenteil behauptet, dann hat er entweder die Absicht, den gewohnten Gedanken ernstlich zu bestreiten und das Gegenteil als die Wahrheit zu erklären – oder zu scherzen.

Schweifen wir einen Augenblick ab, ganz anderswohin. Der römische Feldherr und Staatsmann Caesar soll sich einmal für seine Person gerade zur Umkehrung dieser Redensart bekannt haben. Er sagte, wie Cicero (pro Ligario 11) berichtet, zu seinen Gegenspielern: «Ihr haltet alle für Feinde, die nicht für euch sind; ich halte alle für meine Anhänger, die nicht gegen mich sind.» Er meint mit seiner Umkehrung: ‹Außer meinen erklärten Gegnern habe ich das ganze Volk als meine Anhänger hinter mir.› Was bei Caesar ein etwas überhebliches Bonmot ist, ist bei Jesus eine verblüffende, aber lächelnde Antwort auf eine fragwürdige Handlung der Jünger.

Der Jünger Johannes, wie er nun hört: «Wer nicht gegen uns ist, der ist für uns», schaut mit großen Augen den Meister an. Er könnte, sei es mit Worten, sei es bloß mit stummem Staunen, gesagt haben: ‹Meister, das sagst du jetzt, und sonst sagst du das Gegenteil; du machst dich über mich und meine Mitjünger lustig!› Und der Meister mag darauf, ob mit Worten oder mit einer Gebärde, angedeutet haben: ‹Du sagst es; schau, mein lieber Johannes, hier gilt einmal das Umgekehrte!›

Wie, stellt Jesus bald das eine als wahr hin, bald dessen Gegenteil, wie es ihm gerade paßt? Nein. Das Wort ‹wahr› ist hier nicht am Platz. Hier geht es nicht um zwei gegenteilige ‹Wahrheiten›, sondern

20

um zwei Beurteilungsweisen aus verschiedenem Blickwinkel. Und den Blickwinkel darf man getrost wechseln. Beide Sätze, der ursprüngliche und der umgekehrte, sind von der gleichen kühnen und überspitzten Verallgemeinerung. Doch klingt jener scharf, finster, unerbittlich: Alle Nicht-Freunde sind *Feinde;* dieser dagegen gütig, großherzig, vertrauensvoll: Alle Nicht-Feinde sind *Freunde.* Wenn auch dieser umgekehrte Satz milder ist, als Umkehrung einer allbekannten Redensart verblüfft er, schlägt den Jünger Johannes vor den Kopf.

Jede der beiden Überspitzungen gilt in ihrem ganz bestimmten Sinn. In jener gewohnten Aussage (Wer nicht für mich ist...) rechnet Jesus zu denen, die ‹*nicht für* mich› sind, wie gerade jener Nachsatz betont, auch die Lauen, die sich zwar zu seinem Wort bekennen, sich aber nicht dafür einsetzen, nicht ‹sammeln›. In der umgekehrten Aussage (Wer nicht gegen mich ist...) zählt er zu denen, die ‹*nicht gegen* mich› sind, auch jene, die sich leidenschaftlich und tätig um das Gute bemühen, selbst wenn sie nicht seine ausdrücklichen Anhänger sind. Jener Unbekannte aber, der Dämonen austreibt, ist kein Lauer, kein Untätiger, er ist im Gegenteil ein ausgesprochen Tätiger. Ja, ob er ‹für mich› ist, ist nicht einmal das Wichtigste; wichtig ist, daß er für unsere Sache ist. Sein Wirken und seine Bemühungen, die ganz den unseren entsprechen, wollen wir freudig – sogar dankbar – anerkennen.

Wie die Gedanken des Meisters nun auch die Dankbarkeit streifen, steigert sich seine freundschaftliche Spottlust, und er fügt bei: «Denn seht: wer euch einen Becher Wasser zu trinken gibt auf meinen Namen hin, wahrlich, ich sage euch, er wird nicht um seinen Lohn kommen.» Dieser Abschluß wird von manchen als ein aus anderem Zusammenhang herübergenommenes Anhängsel angesehen; ich neige zur Annahme, daß er an seinem rechten Platz steht. Was man daran als sprachliches ‹Flickwerk› bemängelt (der dritte Satzanfang mit ‹denn› unmittelbar nach zwei anderen, die scheinbare Zerrissenheit des Satzgefüges), darin sehe ich im Gegenteil Anzeichen der Mündlichkeit. Unter Benutzung des Stichwortes «auf meinen Namen hin» weist Jesus seine Jünger auf eine kleine menschliche Eigenliebe hin, die zu recht widersprüchlichem Verhalten führt. Mit liebevoller Ironie sagt er in diesem Schlußsatz: ‹Nicht wahr, tut einer *euch* Gutes – auf meinen Namen hin: weil er weiß, daß ihr zu mir gehört – und stillt euch den Durst, dann laßt ihr euch das gerne gefallen, und gewiß, es soll ihm vergolten sein.› – Der zur Sache zurückkehrende Gegengedanke hierzu versteht sich von selbst; er würde lauten: ‹Und jener Mensch, der *anderen* Gutes tut – ebenfalls auf meinen Namen hin: indem er sich auf meine Tätigkeit beruft –, verdient er nicht ebenso unseren Dank? Und was tut ihr?›

Wer hat, dem wird gegeben

Zu allen Zeiten sprachen und sprechen die Menschen den Gedanken in irgendeiner Form aus: Den Reichen wird stets dazugegeben, den Armen noch das Letzte genommen; die einen werden immer reicher, die anderen immer ärmer – die allbekannte bittere Feststellung eines grausamen Übelstandes dieser Welt. Der Gedanke ist in der Form, wie Jesus ihn aussprach, ein geflügeltes Wort geworden. «Wer hat, dem wird gegeben; wer aber nicht hat, dem wird auch noch genommen, was er hat.» Ob Jesus diese Form bereits als Redensart übernommen hat, wissen wir nicht, und es ist auch nicht wichtig zu wissen. Jedenfalls hat er (wenn man so sagen darf) den ‹geflügelten› *Gedanken* vorgefunden.

Von zwei Gelegenheiten wird berichtet, bei denen er dieses Wort benutzte. Beide Male ist die darin beklagte Ungerechtigkeit als Gerechtigkeit hingestellt! Im eigentlichen Sinn und üblichen Gebrauch dagegen kommt es in den überlieferten Worten Jesu nicht vor. Ist so etwas möglich? Bei Jesus ist Erstaunliches möglich.

Damals, als die Jünger das Gleichnis vom Sämann mißverstanden – wir werden darüber später handeln –, machten sie ihrem Meister Vorhaltungen, warum er denn seine Sache immer wieder auf dem Umweg von Gleichnissen sage; er solle doch lieber auf geradem Weg reden. Was antwortete er ihnen? Wird er von der Stunde an auf seine Gleichnis-Reden verzichten? Beinahe möchte ich sagen: Er lachte sie aus. Er antwortete ihnen in einer sehr ironischen Rede, die uns recht ausführlich überliefert ist. Es heißt da (Mt 13,10-13; 16-17):

Und die Jünger kamen zu ihm und sagten: Warum redest du in Gleichnissen zu ihnen? Er antwortete: Weil es euch gegeben ist, die Geheimnisse des Reiches der Himmel zu erkennen, ihnen aber nicht. Denn wer hat, dem wird gegeben, und er wird in Überfluß haben; wer aber nicht hat, dem wird auch das genommen, was er hat. Deshalb rede ich in Gleichnissen zu ihnen, weil sie sehen und doch nicht sehen und hören und doch nicht hören und nichts verstehen... Glücklich aber sind eure Augen, weil sie sehen, und eure Ohren, weil sie hören. Denn wahrlich, ich sage euch: Viele Propheten und Gerechte haben sich danach gesehnt, zu sehen, was ihr seht, und haben es nicht gesehen, und zu hören, was ihr hört, und haben es nicht gehört.

Die anderen Menschen, antwortet er ihnen, sind eben nicht so begnadet wie ihr. Euch ist es gegeben, die Geheimnisse des Himmelreichs zu erkennen, jenen nicht. Zu euch kann ich in geraden Worten vom Himmelreich reden, und ihr versteht sie, jenen dagegen kann ich nur auf Umwegen eine Ahnung davon vermitteln.

24

Solche Rede mochte in den Ohren der Jünger gewiß schmeichelhaft klingen. Da sie aber den Tonfall seiner Stimme hörten, bemerkten sie die Fragwürdigkeit seines Lobes, spürten die Ironie. Er lobt sie nämlich wegen Einsichten, die sie gar nicht haben können, nämlich die Geheimnisse des Himmelreichs zu erkennen, und die weder notwendig noch wünschenswert sind. Selbst wenn jemand imstande wäre, sich die Herrlichkeit des Himmelreichs auszumalen – was würde es ihm helfen? Was die Jünger selber etwa über dieses Himmelreich äußern, entspricht meistens der verbreiteten kindlichen Vorstellung von einem großen Gastmahl, wo man mit Gott zu Tisch sitzen werde, jeder auf dem ihm zukommenden Platz. Der Meister läßt ihnen das liebliche Bild. Das Himmelreich wird ja an Glück und Schönheit jede Vorstellung weit übertreffen. Eines aber müssen die Menschen vom Reich Gottes wissen: daß es dann kommen wird, wenn sie ihr Leben ganz auf die Nächstenliebe gründen. Welche Einrichtungen und Lebensformen dort aus der allgemein geübten Nächstenliebe wachsen werden, darüber sich Gedanken zu machen ist müßig und führt zu nichts. Die Gewißheit genügt, daß dort ein Zustand des Glücks, der Gerechtigkeit und der Liebe herrschen wird.

So leicht verständlich ist die Boschaft Jesu vom Reich Gottes, daß einfachste Gemüter sie ebenso gut begreifen wie gelehrte Köpfe. Und trotzdem tut er hier so, als wüßten seine Jünger über die dort waltenden Zustände aufs beste Bescheid – und dies dank ihren begnadeten Geistesgaben, mit denen sie die übrigen Menschen in so herrlicher Weise überträfen! So weit treibt er die Ironie: Hier endlich, in den Geistesgaben und in der Begnadung, seid *ihr* einmal die glücklichen Besitzenden, und die anderen sind die Habenichtse! Und was das Besitzergefühl besonders genußreich macht, ist der Gedanke, daß die Besitzenden sich schönster Bevorzugung erfreuen: Wer hat, dem wird gegeben; wer aber nicht hat, dem wird auch das genommen, was er hat.

Nun will freilich hierfür der Doppelsatz in seiner Gesamtheit doch nicht recht passen. Sein erster Teil zwar trifft zu, etwa so: Wer Einsicht hat, ist befähigt, weitere Einsicht aufzunehmen, ja es mag ihm von selbst noch welche zuströmen. Der zweite Teil jedoch macht Schwierigkeiten: Wer wenig Einsicht hat… wie, dem wird dieses wenige noch genommen? Man müßte, wollte man dies gelten lassen, die Deutung weit herholen und etwa behaupten: Wenn man einem an Einsicht Zukurzgekommenen in nüchternen Worten und ohne Gleichnisbilder von den Geheimnissen des Reiches Gottes reden wollte, so geriete der arme Mensch über dem Unbegreiflichen in solche Verwirrung, daß ihm noch das Wenige an Einsicht, das er hat, abhanden käme! Nein. Seinen Sinn erhält dieser zweite Teil durch das nächste auf Jesaja (6,9) anspielende Wort: «weil sie sehen und doch nicht sehen und hören und doch nicht hören und nichts verstehen». Das «nichts verstehen» ist bei Jesaja die Strafe für das Desinteresse des Volkes an Gott, ihr Herz ist «verstockt». Diese Verstockung bewirkt aber nicht nur, daß man nichts versteht, sondern auch, daß einem auch das abhanden kommt, was man einmal (von Gott) verstanden hat. Wenn nun der Meister, auf das Jesaja-Wort hinweisend, zu den Jüngern sagt: Das Volk ist verstockt, ihr aber nicht!, so liegt darin höchste Ironie. Nein doch, er kennt das Volk anders: als Menschen mit sehenden Augen und hörenden Ohren und im ganzen empfänglich für seine Botschaft. Angenommen aber, er hielte das Volk für verstockt – was wäre das für eine sonderbare Regel: Für verstockte Herzen sind Gleichnisse da, für offene Herzen das direkte Wort!

Gegen das Ende seiner Rede erreicht die Ironie ihren Höhepunkt, wenn er sagt: «Viele Propheten und Gerechte haben nicht gesehen, was ihr seht...» Wohl haben schon die Propheten sehnlich das Reich Gottes herbeigewünscht, aber ihr habt darüber mehr begriffen als sie. Selbst im Vergleich zu jenen Großen also seid ihr glückliche Besitzer!

★

Nun die andere noch weit erstaunlichere Stelle. Jesus zeigt da – ohne jeden Spott und (gewissermaßen) allen Ernstes –, daß es mit dem, was sonst grausamer Übelstand gilt, dieses Mal seine schöne und gerechte Rich-

tigkeit habe. Das Wort «Wer hat, dem wird gegeben...»
steht am Schluß eines umfangreichen Gleichnisses, sozusagen als dessen Lehrsatz. Und – das Gleichnis
dient der Darstellung der Gerechtigkeit Gottes!

Es ist das Gleichnis von den anvertrauten Talenten
(Mt 25,14–29). Wir wollen es kurz nacherzählen: –
Ein reicher Herr, im Begriff für lange Zeit außer
Landes zu reisen, übergab drei Untergebenen sein
Vermögen zur Verwaltung, dem ersten fünf Talente,
dem zweiten zwei, dem dritten eines, in der Erwartung, jeder werde damit nutzbringend wirtschaften.
(Ein Talent ist eine größere Menge Silber, etwa im
Wert einer mittleren Viehherde.) Als der Herr zu-
rückkehrte, hatte der erste zu den fünf Talenten weitere fünf dazugewonnen, der zweite zu den zweien
weitere zwei. Der dritte war so übervorsichtig gewesen, daß er das eine ihm anvertraute Talent vergra-
ben, aber dadurch nichts dazugewonnen hatte. Der
Herr lobte die ersten beiden und sagte, er werde ihnen «eine große Aufgabe übertragen» und sie sollen
«an seiner Freude teilhaben». Den dritten tadelte er,
nannte ihn einen faulen Knecht und sagte zu ihm
(Mt 25,27–29):

Du hättest mein Geld den Geldverleihern bringen sollen,
und ich hätte es bei meiner Rückkehr mit Zinsen zurück-
erhalten. Darum nehmt ihm das Talent weg und gebt es
dem, der die zehn Talente hat! Denn wer hat, dem wird
gegeben, und er wird in Überfluß haben; wer aber nicht
hat, dem wird auch noch genommen, was er hat.

28

Damit endet das Gleichnis. Wir staunen über diesen Schluß; wir sehen den geschäftlichen Sinn der Anweisung nicht ein. Einerseits sagt der Herr: «und ich hätte bei meiner Rückkehr mein Geld mit Zinsen zurückerhalten» – ganz wie wir es erwarten: daß nämlich das anvertraute Geld und das dazugewonnene ihm am Abrechnungstag zurückerstattet wird. Andererseits befiehlt er: «Darum nehmt ihm das Talent weg und gebt es dem, der die zehn Talente hat.» Wir denken: Was dieser dritte dem Herrn zurückgeben muß, braucht man ihm doch nicht strafweise wegzunehmen. Und soll der erste denn die zehn Talente behalten dürfen? – Wir können vermuten, der Herr wolle die beiden erfolgreichen Verwalter mit der Übertragung vermehrter und einträglicher Verantwortung («einer großen Aufgabe»), vielleicht sogar mit einer gewissen Teilhaberschaft belohnen. Der dritte, der sich als untauglich erwiesen hat, soll leer ausgehen.

Ob wir nun im Gleichnis diese Anordnungen ganz durchschauen oder nicht – jedenfalls tritt der von Jesus angesteuerte Gedanke klar hervor. Gott erwartet von den Menschen, daß sie die von ihm erhaltenen Gaben auch einsetzen. Das Wort ‹Talent› in der heutigen Bedeutung von ‹Begabung› hat seine Herkunft gerade aus diesem Gleichnis: Wie der reiche Herr seinen Verwaltern Silbertalente in Verwahrung gibt, so vertraut Gott den Menschen allerhand Begabungen an, die sie, eben als ihre ‹Talente›, nach Kräften einsetzen und arbeiten lassen sollen. Das Gleichnis will nicht belehren, es will aufrufen. Es ruft zu Taten auf, und es meint damit Taten der Nächstenliebe. Es genügt nicht, sich bloß zu dem edlen Gefühl der Nächstenliebe zu bekennen; sie soll das tägliche Tun und Handeln bestimmen, sonst ist sie nichts. Also, benutzt die euch anvertrauten Talente, immerdar und unermüdlich! Wer nicht weiterwirkt, wer nicht, wäre er ein Kaufmann, weitererwirbt, weitersammelt, der verliert, was er schon hat. Wer nicht sammelt, der zerstreut. – Wer sich mit seinen bisher vollbrachten guten Taten begnügt und nicht nach weiteren trachtet, dem wird Gott sie im Konto der Gutschriften streichen. Dem aber, der sich redlich bemüht, wird er in großzügiger Weise noch einiges dazu anrechnen (gewissermaßen als Leistungsprämie). Dem einen also, dem Untätigen, nimmt er etwas weg, dem anderen, dem Unermüdlichen, gibt er etwas hinzu. Das läuft im Ergebnis darauf hinaus, als ob er das, was er aus dem Guthaben des einen wegstreicht, dem Guthaben des anderen hinzuschriebe.

Ein beinahe unmerkliches Lächeln geht über das Gesicht Jesu, als er nun zum Schluß, wie eine Erklärung des Vorgangs, unser Wort beifügt: «Wer hat, dem wird gegeben; wer aber nicht hat, dem wird auch noch genommen, was er hat.» Hat er gar während der Erzählung auf diesen Schlußsatz abgezielt, um der darin ausgedrückten Ungerechtigkeit hier und für dieses Gleichnis überraschenderweise Gerechtigkeit zuzusprechen? Jedenfalls lockt es ihn, dieser Erklärung, während er sie ausspricht, etwas von der ihr innewohnenden unbarmherzigen Härte zu lassen. Er spricht sie wohl mit einem gespielt-drohenden Ton. Seht, so hart geht es zu, wenn Gott unser Tun (oder vielmehr: unser Nichttun) beurteilt! Doch Gott ist ja gerecht. Verlangt er Nächstenliebe, so ist es nur recht und billig, daß er die richtige, die tätige Nächstenliebe meint, jene, die mit den Talenten wuchert – untätige ist nichts.

Daß ein grausamer Übelstand der bösen irdischen Welt geradezu als Gleichnis für die schöne, in der hohen und guten Welt Gottes waltende Gerechtigkeit dient – über ein solches Spiel, über eine solche scherzende und zugleich tiefernste Kühnheit ist nur Staunen möglich.

Eine sonderbare Abrechnung

Unter den Gleichnissen Jesu gibt es sehr kühne. Zwei der allerkühnsten seien in diesem und dem nächsten Kapitel besprochen.

Hier das von den Tagelöhnern im Weinberg. Der Herr eines Weinberges ging früh morgens auf den Dorfplatz, um Arbeiter für den Tag anzuwerben. Er fand aber nicht genug Tagelöhner vor, daher ging er wieder um neun Uhr hin, dann nochmals um Mittag, um drei Uhr nachmittags und um fünf Uhr abends, und jedesmal fanden sich einige bereit. Vor Sonnenuntergang, nehmen wir an um sechs Uhr, galt es abzurechnen. Da sagte der Herr des Weinberges zu seinem Verwalter (Mt 20,8–16):

Ruf die Arbeiter und zahl ihnen den Lohn aus, indem du bei den letzten anfängst und bis zu den ersten weiterfährst. Da kamen die, die er um fünf Uhr abends angeworben hatte, und jeder erhielt einen Denar. Als die ersten an der Reihe waren, meinten sie, sie bekämen mehr; auch sie erhielten einen Denar. Da murrten sie gegen den Gutsherrn und sagten: Diese Letzten haben nur eine Stunde gearbeitet, und du hast sie uns gleichgestellt, wir haben aber die Last und Hitze des ganzen Tages ertragen. Er antwortete einem von ihnen: Mein Freund, dir ge-

schieht kein Unrecht. Hast du nicht einen Denar mit mir
vereinbart? Nimm dein Geld und geh! Ich will dem Letz-
ten so viel geben wie dir. Darf ich mit dem, was mir ge-
hört, nicht machen, was ich will? Oder ist dein Auge nei-
disch, weil ich zu anderen gütig bin? So werden die Letz-
ten die Ersten sein und die Ersten die Letzten.

So also wird im Himmelreich abgerechnet. Dieses
Verfahren ist aber, nach unseren irdischen Begriffen,
nicht bloß unmöglich, sondern sogar ungerecht. Wie
die Tagelöhner des Gleichnisses, so würden auch wir
uns bitter beklagen, wenn wir vom frühen Morgen
an gearbeitet hätten und am Abend nur so viel bekämen wie jene, die erst eine Stunde vor Feierabend an-
gefangen haben. Was wäre außerdem die Folge dieses
Vorgehens? Schon am nächsten Tag würden sich die
Tagelöhner nicht vor dem späteren Nachmittag zur
Arbeit bereit finden.

Ein Gleichnis kann nur dann einleuchtend sein, wenn
es ein Beispiel aus dem wirklichen Leben erzählt. Ein
unmögliches Beispiel dagegen, so würde man meinen,
kann nur einen unsinnigen Gedanken verdeutlichen;
so wäre für unser Gleichnis eine Verwendung denkbar, bei er man etwa sagen würde: Das und das ist so
unsinnig, wie wenn Tagelöhner, ob sie den ganzen
Tag oder nur eine Stunde gearbeitet haben, gleich
entlohnt würden. Nun geschieht das Unerhörte, daß
eine irdische Unmöglichkeit als Gleichnis für eine im
Himmelreich zu erwartende Gültigkeit dient. Wie,
dort soll eine für unsere Welt unmögliche, ja unge-

rechte Abrechnung gelten? Was wird der Mann aus dem Volk zu so etwas sagen? Wird er nicht geradezu abgeschreckt werden? Er wird denken, da sei ihm eine vernünftige Abrechnung, wie sie in unserer diesseitigen Welt üblich ist, doch lieber.

Doch das Gleichnis richtet sich nicht an die Leute des Volkes, sondern an die Jünger. Aber auch die Jünger müssen aufs höchste gestaunt haben, als sie es hörten. Das wird doch nicht sein Ernst sein! Es ist sein Ernst – und trotzdem ist es ein Scherz. Die Jünger hatten ihm schon oft angedeutet, daß sie dereinst eine Vorzugsstellung im Himmelreich erwarten; denn sie seien ihm doch als Erste nachgefolgt. Eine Vorzugsstellung? Wie das Himmelreich beschaffen sein wird, ist nicht von Belang; es ist ja auch von unserer Welt aus unvorstellbar. Aber sicher ist, daß es dort keinen Unterschied des Ranges geben wird. Dem Anspruch und der Erwartung der Jünger, dereinst dort Bevorzugung zu genießen, tritt ihr Meister stets entgegen.

Gott, der Herr des himmlischen Weinberges, entlohnt alle seine Arbeiter mit der gleichen Münze, und diese ist unteilbar. Sie heißt: ‹das wahre Leben› oder ‹das ewige Leben›. Es gibt kein halbes wahres Leben, auch kein halbes ewiges Leben. So verkündet denn der Herr des himmlischen Weinberges mit großartiger Unbekümmertheit, die jede kleinliche Rechnerei ausschließt: Jeder erhält bei mir den gleichen Lohn, ob er nun früh oder spät zu mir kommt.

34

Die Folge, die dieser Grundsatz im irdischen Leben hätte, ist dort nicht zu befürchten. Der Meister kann zu seinen Jüngern sagen: ‹Als ich euch aufforderte, mir nachzufolgen, da seid ihr ja von euren Fischernetzen weg mitgekommen, und ihr habt nicht gesagt: Wir folgen dir gerne – aber doch lieber etwas später; wir möchten uns noch ein wenig unserer bisherigen Freiheit erfreuen.› Denn wer von der Wahrheit der frohen Botschaft erfaßt ist, hat nur den einen brennenden Wunsch, dessen Erfüllung keinen Aufschub erträgt: dieser Wahrheit gemäß zu leben und sie zu verkünden. Zwar ist das Leben der Jünger entbehrungsreich, sie haben es aber bereitwillig auf sich genommen, und sie würden kein anderes wünschen. Die Arbeit in unseren irdischen Weinbergen ist zwar Mühe und Plage, jene im himmlischen Weinberg dagegen ist Freude und Glückseligkeit.

Jesus zeigt in mehreren seiner Worte, nicht nur in diesem Gleichnis, daß das Himmelreich sich uns Diesseitigen geradezu als eine verkehrte Welt darstellt, über welche alle Aussagen nicht anders als verblüffend und zugleich scherzhaft klingen.

Was er aber zum Schluß des Gleichnisses den Herrn des Weinberges zu einem der Unzufriedenen sprechen läßt, ist eine knappe, aber lächelnde Predigt gegen die Bevorzugungsansprüche der Jünger. ‹Mein Freund›, sagt er, ‹dir geschieht kein Unrecht, den abgemachten Lohn erhältst du ja, und es ist kein geringer Lohn. Oder bist du neidisch, weil ich auch gegen andere gütig bin? Magst du deinem Nächsten die Glückseligkeit nicht gönnen, die er sich ebenfalls verdient hat? Willst du eine noch größere Glückseligkeit? Nein, es gibt in meinem Weinberg nicht verschiedene Glückseligkeiten. So habe ich es geplant, und, nicht wahr, ich darf doch planen, wie es mir recht dünkt.›

Der abschließende Satz freilich: «So werden die Letzten die Ersten sein und die Ersten die Letzten» scheint für das Gleichnis nicht recht zu passen. Daß diejenigen, welche die Arbeit als Letzte angetreten haben, bei der Lohnzahlung als Erste an die Reihe kommen, ist ja belanglos. Und daß sie insofern die Ersten sind, als sie den höchsten Stundenlohn haben, ist dem Gedanken des Gleichnisses eher abträglich. Für die Arbeit in jenem Weinberg soll es gerade keinen ‹höheren› Lohn geben; sein Herr will, daß jeder das gleiche erhält. Unsere Verlegenheit schwindet und verwandelt sich in Staunen, wenn wir das vorausgegangene Gespräch heranziehen.

Petrus fragte, auch im Namen seiner Mitjünger, den Meister (Mt 19,27): «Du weißt, wir haben alles verlassen und sind dir nachgefolgt. Was werden wir dafür bekommen?» Jesus, der eben jenen Wunsch nach bevorzugter Stellung im Himmelreich heraushört, antwortete (Mt 19,29–30):

… Jeder, der Häuser oder Brüder, Schwestern, Vater, Mutter, Kinder oder Äcker um meines Namens willen verlassen hat, wird dafür das Vielfache erhalten und das

ewige Leben gewinnen. Viele aber, die die Ersten sind, werden die Letzten sein, und die Letzten die Ersten.

Viele, die jetzt in Armut und Entbehrung leben – und zumal wenn sie sich, wie ihr, für unsere Sache Armut und Entbehrung auferlegt haben –, werden dann das Vielfache erhalten. Und viele offenbar, die jetzt in Macht und Reichtum schwelgen, werden ein Vielfaches weniger haben. Ist der Meister mit dem Spruch von den Ersten und den Letzten nicht über das Ziel hinausgesprungen? Denn die Redensart behauptet ja hier, daß es dereinst doch wieder Letzte und Erste, also doch wieder Rangunterschiede gebe. Er spürt, daß das einer Erklärung bedarf. Er läßt, mit dem begründenden Wörtchen ‹denn› beginnend, unser Gleichnis folgen, das er am Schluß wiederum in eben diesen Spruch von den Ersten und Letzten ausmünden läßt. Wie aber lautet hier die Erklärung dieses Spruchs? Gegen das Ende des Gleichnisses hören wir, wie der Herr des Weinberges einem Arbeiter, der sich über die ungerechte Entlohnung beklagte, antwortete: «Mein Freund, dir geschieht kein Unrecht. Hast du nicht einen Denar mit mir vereinbart? Nimm dein Geld und geh! Ich will dem Letzten so viel geben wie dir... Bist du etwa neidisch, weil ich zu anderen gütig bin? *So* werden die Letzten die Ersten sein und die Ersten die Letzten.» Dem Wörtchen ‹so› gibt er starke Betonung. *Wie* also? So, wie es das Gleichnis zeigt: *Überhaupt nicht* werden sie bei der Abrechnung die Ersten und die Letzten sein! Denn alle, ob früh oder spät gekommen, erhalten ihren gleichen Denar. Der Meister benutzt auch hier einen festen Spruch in ‹verkehrtem›, diesmal sogar in nicht-geltendem Sinn!

Damit ist seine Antwort an die Jünger vollständig: ‹Ein Vielfaches werdet ihr erhalten; aber auch alle anderen, die im Himmelreich Aufnahme finden, werden dort die gleiche Glückseligkeit und das gleiche ewige Leben haben – wie ihr, die ihr als Erste mir nachfolgt und mit mir wirkt. Oder beneidet ihr die anderen darum?›

Der betrügerische Verwalter

Und nun eine kleine Gaunergeschichte. Auch sie handelt von Geld. Sie lautet (Lk 16,1–8):

Jesus sagte zu den Jüngern: Es war ein reicher Mann, der hatte einen Verwalter. Den beschuldigte man bei ihm, er verschleudere ihm sein Vermögen. Und er ließ ihn rufen und sagte zu ihm: Was höre ich von dir! Leg Rechenschaft ab über deine Verwaltung; denn du kannst nicht länger meine Sache verwalten. Da überlegte der Verwalter: Was soll ich tun? Mein Herr entzieht mir die Verwaltung. Zur Feldarbeit tauge ich nicht, zu betteln schäme ich mich. Halt, ich weiß, was ich tun will, damit mich die Leute, wenn ich als Verwalter abgesetzt bin, in ihre Häuser aufnehmen. Und er ließ die Schuldner seines Herrn, einen nach dem anderen, zu sich kommen und fragte den ersten: Wieviel bist du meinem Herrn schuldig? Er antwortete: Hundert Faß Öl. Da sagte er zu ihm: Hier, nimm deinen Schuldschein, setz dich gleich hin und schreib fünfzig. Danach sagte er zum nächsten: Und du, wieviel bist du schuldig? Der antwortete: Hundert Scheffel Weizen. Er sagte zu ihm: Nimm deinen Schuldschein und schreib achtzig.

Und der Herr lobte den betrügerischen Verwalter, daß er so klug gehandelt habe, und sagte: Die Kinder dieser Zeit sind untereinander klüger als die Kinder des Lichtes.

Die Erzählung erfordert einige Bemerkungen. Ein reicher Landbesitzer vernimmt, daß sein Verwalter seit längerer Zeit anvertrautes Geld unterschlagen hat; er wird ihn zur Rechenschaft ziehen und entlassen. Um die Folgen der bisherigen Betrügereien zu mildern, ersinnt der Verwalter einen neuen Betrug. Er will sich bei den Schuldnern seines Herrn beliebt machen, um nach seiner Entlassung bei ihnen unterzukommen; er wird sie an dem neuen Betrug teilnehmen lassen und sie zu Mitschuldigen machen. Er ruft sie zu sich, einen nach dem anderen, und fordert sie auf, ihre Schuldscheine zu fälschen, vielmehr wohl: neue anzufertigen, falsche, die auf beträchtlich niederere Geldbeträge lauten. Der erste Schuldner, dem man hundert Faß Öl geliefert hatte, sollte schreiben, er schulde das Geld für fünfzig Faß, ein zweiter, der hundert Scheffel Weizen bezogen hatte, er schulde das Geld für achtzig und so weiter. – Hier bricht die recht ausführlich erzählte Geschichte ab. Wahrscheinlich ist sie zu Ende. Der Betrug jedenfalls ist gelungen.

Es folgt ein sonderbarer Doppelsatz: «Der Herr lobte den betrügerischen Verwalter, daß er klug gehandelt habe, und sagte: Die Kinder dieser Zeit sind untereinander klüger als die Kinder des Lichtes.» Im Fluß der Erzählung möchte sich die Vorstellung aufdrängen, ‹der Herr› sei jener reiche Mann des Gleichnisses; da aber den zweiten Teil des Doppelsatzes sicher Jesus spricht, muß man ihm wohl auch den ersten zuwei-

sen. Auch in anderen Schlußbemerkungen zu Gleichnissen wird Jesus ‹der Herr› genannt (z.B. Lk 18,6).
Aber man darf die Bemerkung «Der Herr (Jesus)
lobte den betrügerischen Verwalter» sicher nicht
wörtlich nehmen; er sagte wohl ironisch: «Das hat
sich der Verwalter raffiniert ausgedacht!» oder etwas
Ähnliches. Und mit dem zweiten Teil der Bemerkung mag er gemeint haben: ‹Die Kinder dieser Zeit
sind untereinander schlau, die Kinder des Himmelreichs dagegen nicht, aber sie werden solche Schlau-
heit nicht nötig haben.›
Die mir bekannten Auslegungen des Gleichnisses sind
der übereinstimmenden Ansicht, Jesus stelle uns den
Verwalter als Vorbild hin – nicht etwa dessen betrügerische Tat, wohl aber die energische und zugriffige
Art, das Notwendige zur Sicherung seiner Zukunft
unverweilt anzupacken. Wie, eine Tat, zwar einerseits verabscheuenswürdig, andererseits in ihrer
Klugheit und Kaltblütigkeit vorbildlich? Ich will
einräumen, daß bei einem Gleichnis etwa eine Ne-
bensache außerhalb dessen Geltungsbereichs liegen
kann und in der Deutung nicht berücksichtigt werden darf. Daß aber Jesus eine eindeutig betrügerische
Tat eines Gauners als Gleichnis benutzt, dabei aber
just das Betrügerische aus dem Geltungsbereich hin-
ausweist und für die Deutung bloß die sachkundige
und energische Ausführung der Tat gelten läßt und
sie als vorbildlich verstanden haben will, das ist doch
ausgeschlossen. Ich traue Jesus allerhand Kühnheiten,

ja Tollkühnheiten zu. Er kann sehr ironisch sein, niemals aber ist er doppelzüngig oder zynisch. Oder hat sich ihm hier eine besonders aktuelle Affäre als Gleichnisstoff aufgedrängt? Denn er hat gewiß gelegentlich für seine Gleichnisse tatsächliche Ereignisse gewählt. Hier trifft dies sicher nicht zu. Denn das setzt voraus, daß das betrügerische Unternehmen bekannt geworden ist. Damit wäre es geplatzt, und der Fälschergesellschaft wäre es übel ergangen. Die sorgfältige und kundige Ausführung einer Gaunerei kann ja höchstens dann vorbildlich sein, wenn sie erfolgreich ausgegangen ist – woraus sehr deutlich wird, wie fragwürdig solche Vorbildlichkeit ist.

Nein, der betrügerische Verwalter soll in keinerlei Hinsicht ein Vorbild sein. Er ist und bleibt ein gemeiner Gauner, der jene Schuldner, wohl bisher brave Kaufleute, durch Fälschungen zum Schaden seines Chefs ködert, sie zu Mitschuldigen macht und sich bei ihnen dauerndes Schmarotzertum sichert. Die damaligen Zuhörer, mit spannenden Geschichten nicht verwöhnt, vernehmen den Vorgang mit einer gewissen Belustigung. Aber der Meister tut ihnen den Gefallen nicht, den Betrüger auch nur mit einem einzigen sympathischen Zug auszustatten.

Wenn aber das Gleichnis kein Vorbild enthält, was soll es dann? Was will es zeigen? – Dieses Gleichnis beruht auf einem *Wieviel-mehr-Vergleich.* Für diese Art liefert uns Jesus geradezu ein Lehrbeispiel in einer kleinen Gleichnisrede, wo er sagt (Mt 7,9–11):

Oder ist unter euch einer, der seinem Kind einen Stein gibt, wenn es um Brot bittet, oder eine Schlange, wenn es um einen Fisch bittet? Wenn ihr nun, die ihr böse seid, euren Kindern gute Gaben gebt, wieviel mehr wird der Vater im Himmel denen Gutes geben, die ihn bitten.

Bei dieser Art des Vergleichs wird dem Zuhörer zuerst ein schlechter Mensch (es können auch mehrere sein) vorgestellt, der trotz seiner Bosheit oder Frechheit oder Ungerechtigkeit etwas immerhin Erstaunliches zustande bringt – worauf der Wieviel-mehr-Satz folgt. Im soeben angeführten Beispiel lautet dieser Satz: ‹Wenn ihr zwar böse seid, aber trotz eurer Bosheit den nach Nahrung schreienden Kindern etwas Eßbares gebt, wieviel mehr wird der Vater im Himmel denen, die ihn bitten, seine guten Gaben geben!› – Auf einem solchen Vergleich beruht unser Gleichnis. Daher darf der betrügerische Verwalter nicht als vorbildlich, sondern er muß als betont niederträchtig, was er auch ist, verstanden werden. Der Wieviel-mehr-Vergleich lautet hier: ‹Wenn diesem hinterlistigen Gauner, nachdem er schon lange seinen Herrn betrogen hat, nun auch der Hauptstreich, wiederum auf Kosten seines Herrn, gelungen ist, wieviel mehr wird dann unsere Arbeit im Dienst unseres Herrn, des Vaters im Himmel, gelingen!›

Wann benutzt Jesus diese Gleichnisart? Jeder Wieviel-mehr-Vergleich will einen Zweifel beseitigen, Mut machen. Das eben erwähnte Lehrbeispiel (Mt 7,9–11), wie auch das Gleichnis vom bittenden

Freund (Lk 11,5–8), antwortet auf die zweifelnde Frage: Wird das Gebet erhört? Und jenes vom ungerechten Richter (Lk 18,6–7) schafft Zuversicht in der Frage: Werden wir zu unserem Recht kommen? – Und unser Gleichnis vom betrügerischen Verwalter?

Die zugrunde liegende Szene versteht sich von selbst. Die Jünger sind mutlos wie schon oft. Anders als in den genannten Beispielen betrifft ihr Zweifel dieses Mal nichts Bestimmtes; er ist gefährlicher. Sie zweifeln am Ganzen. Werden wir das uns gesteckte Ziel erreichen können? Hat unsere Mühe und Plage einen Sinn? Da sagt der Meister zu ihnen etwa: ‹Ja, was für Gaunereien gibt es doch in dieser Welt, die prächtigen Erfolg haben! Da war ein reicher Gutsherr, der hatte einen Verwalter…› Und er erzählt die Geschichte unseres Betrügers. Als er damit zu Ende ist, schaut er in der Runde von einem zum anderen. Sie haben verstanden, ihre Gesichter sind heller geworden. Der erklärende Wieviel-mehr-Satz ist kaum mehr nötig, er versteht sich von selber. Und wenn jener Betrüger am Schluß ein bequemes Unterkommen als Schmarotzer bei den mitschuldigen Schuldnern findet, wieviel herrlicher, ehrenvoller, glänzender wird ihr eigenes Unterkommen beim Vater im Himmel sein!

Gewiß, ein überraschendes Gleichnis. Doch die Jünger damals verstanden es ohne weiteres; es verschaffte ihnen Mut. Sobald aber dieses Gleichnis später, von der Szene losgelöst, gelesen wurde, gab es Anlaß zu Mißverständnissen. Wohl der erste, der es mißverstand, war der Urheber des beigefügten absonderlichen Satzes (Lk 16,9): «Und ich (Jesus) sage euch: Macht euch Freunde mit dem ungerechten Mammon, damit sie euch, wenn er ausgeht, in die ewigen Hütten aufnehmen.» Auch der Schreiber dieses Anhängsels meinte, er müsse in dem Gleichnis unbedingt nach einer Verhaltensanweisung suchen. Und was fand er! Wie jener Verwalter müßt ihr ‹sie› – das sind wohl die Engel – mit dem ungerechten Mammon zu Freunden machen, damit sie euch ins Himmelreich aufnehmen. Was mußten gewisse Worte Jesu alles über sich ergehen lassen!

Der Sämann – ein Ungleichnis

Unter den überlieferten Gleichnissen Jesu ist eines, ein einziges, das die Zuhörer gründlich und vollkommen mißverstanden – nicht nur die vor ihm stehenden Zuhörer, sondern auch die berichtenden Evangelisten. Es ist das Gleichnis vom Sämann.

Als Jesus zu Beginn jener Ansprache, die er von einem Boot aus vor dem am Ufer versammelten Volk hielt, dieses Gleichnis erzählt hatte, gab es eine beträchtliche Unruhe unter den Jüngern und Zuhörern. So schön und klar ihnen die kleine Gleichnisgeschichte zu sein schien, so bestürzt waren sie über den Sinn, den sie heraushörten. Was sie da zu vernehmen meinten, widersprach in grausamer Weise der von Jesus verkündeten Botschaft. Deshalb baten ihn die Jünger, wohl noch während der Rede, er möge das Gleichnis erklären, und sie machten ihm nach der Veranstaltung jenen Vorwurf, den wir bereits (S. 24) erwähnt haben, warum er denn immer wieder in Gleichnissen rede und die Sache nicht geradehin und unumwunden sage.

Stellen wir uns unter jene Leute am See und hören wir zu. Jesus beginnt seine Rede und sagt (Mt 13,3–9):

Ein Sämann ging aus, um zu säen. Und als er säte, fiel einiges auf den Weg, und die Vögel kamen und fraßen es auf. Anderes fiel auf felsigen Boden, wo es nicht viel Erde hatte, und ging sogleich auf, weil das Erdreich nicht tief war; als aber die Sonne hochstieg, wurde es verbrannt und verdorrte, weil es nicht Wurzel hatte. Anderes fiel unter die Dornen, und die Dornen wuchsen und erstickten es. Wieder anderes fiel auf guten Boden und brachte Frucht, teils hundertfach, teils sechzigfach, teils dreißigfach. Wer Ohren hat, der höre!

Nur ein Teil der Samenkörner hat das Glück, auf guten Boden zu fallen und aufzugehen, die anderen erreichen ihre Bestimmung nicht. Indem wir aber mit diesem doch unbestreitbaren Satz das Gleichnis umschreiben, haben wir es bereits mißverstanden! Denn wir fragen unwillkürlich: Wer hat das Glück, wer erreicht die Bestimmung? Die Bestimmung aber, so könnte man (für dieses Gleichnis unzutreffend) meinen, werde offenbar das ewige Leben, das Himmelreich sein, und die verschiedenen Samenkörner entsprächen somit den verschiedenen Menschen. Genau so verstanden die damaligen Zuhörer das Gleichnis und erschraken darüber zutiefst. Denn das hieße ja, wir Menschen seien, wie die Samenkörner, einem blinden und grausamen Zufall ausgeliefert, der bestimme, ob wir glücklich oder unglücklich fallen. Daß in manchen Dingen unserer diesseitigen Welt ein blinder Zufall zu herrschen scheint, ist zwar kein abwegiger Gedanke; daß aber ein ebenso blinder Zufall

darüber bestimmen soll, wer jenes von Jesus gewiese-
ne Ziel, jene gute und wahre Welt erreichen wird
und wer nicht, das kann doch gewiß nicht wahr sein
– dann wäre ja jene im Kommen begriffene Welt
nicht gerechter eingerichtet als diese irdische.

Wir wissen, daß die erschreckende Deutung, die sich
den Zuhörern aufdrängte, nicht richtig ist. Diejenigen Zuhörer aber, die merkten, daß die Samenkörner
nicht die Menschen, sondern die Worte Jesu bedeuten, wurden gleich nochmals genarrt: Fallen denn
von seinen Worten die einen auf glücklichen Boden,
die anderen auf unglücklichen – so daß also von seinen Gedanken der eine Gehör findet und Frucht
trägt, der andere nicht? Nein, was damals den Zuhörern entgangen ist, wissen wir längst: Jesus meint mit
der Aussaat der Samen die Aussaat seines Wortes:
nicht einzelner Worte, sondern mit jedem Samen-
körnchen seine ganze Botschaft. Wie die Körner auf
verschiedenen Boden fallen, so gelangt seine Botschaft in die Ohren verschiedener Menschen. Der
Verschiedenheit des Bodens entspricht bei den Menschen die Verschiedenheit ihrer Gemüts- und Gei-
stesart. Was dort dem Wachstum hinderlich ist, entspricht hier den Hindernissen, die sich der Aufnahme
des Wortes Jesu entgegenstellen.

Der Meister erklärt auf Verlangen der Jünger das
sonderbare Gleichnis; erstaunlich jedoch ist, wie die
Evangelisten seine Erklärung wiedergeben. Ihr Bericht verrät, daß sie in jenem selben Mißverständnis

befangen waren – so sehr, daß sie sogar hier, wo es gerade darauf ankommt, das Richtige dem Richtigen zuzuordnen, nicht loskamen von dem Irrtum, die Samen entsprächen den Menschen. Bei Markus ist zwar die Deutung Jesu mit dem richtigen Satz eingeleitet: «Der Sämann sät das Wort»; trotzdem schlängeln sich die weiteren Erklärungen hin und her zwischen der einen (falschen) Vorstellung, daß die Samen die Menschen, und der anderen (richtigen), daß sie ‹das Wort› bedeuten (Mk 4,14–16):

Der Sämann sät das Wort. Die auf dem Weg aber sind die, bei denen das Wort gesät wird, und wenn sie es gehört haben, kommt sofort der Satan und nimmt das Wort weg, das in sie gesät worden ist. Und ebenso sind die auf den felsigen Boden Gesäten die, welche das Wort, sobald sie es gehört haben, mit Freuden aufnehmen, aber keine Wurzel in sich haben...

An der entsprechenden Stelle bei Matthäus beharrt der Wortlaut durchgängig auf diesem Irrtum; die Übersetzer sehen sich gezwungen, das Schiefe einigermaßen geradezubiegen, etwa durch kleine Einschiebungen; zum Beispiel (Mt 13,22): «Der aber (‚bei dem der Samen) unter die Dornen gesät ist, das ist der, welcher...» Wie konnte sich die Mißdeutung so stürmisch vordrängen, daß sie auch die Evangelisten heimsuchte? Hat Jesus seinen Zuhörern und denen, die das Gleichnis weitergaben, diesmal doch zu viel zugemutet?

Wie kam es zu dieser Panne? Wir dürfen wohl der

Überlieferung glauben, daß Jesus jene Rede unmittelbar mit diesem Gleichnis begann – was vielleicht die Hauptursache des Mißverständnisses wurde. Denn dort, am Redeanfang, beleuchtete das Gleichnis keinen bereits gegebenen Gedanken, der dem Verständnis die Richtung weisen konnte. So tat denn der ahnungslose Zuhörer das für ihn Nächstliegende. Er setzte das, was an der kleinen Geschichte sein Mitgefühl ansprach – das sind die Samenkörner –, den Menschen gleich. Mit den Samenkörnern und den Menschen möchten wir mitfühlen, mit ‹Boden› können wir es nicht. Ist dies also ein ungeschickter Vergleich? Uns Heutigen zwar ist die Redewendung wohlvertraut, es falle ein Vorschlag auf guten oder schlechten Boden; doch haben wir sie eben aus diesem Gleichnis bezogen. Da aber die damaligen Zuhörer, denen der Vergleich neu war, der ungewohnten Vergleichsbeziehung unmittelbar zu Redebeginn ahnungslos ausgesetzt waren, nahm ihre Deutung die falsche Richtung. Aber gerade in der Ausgefallenheit des Vergleichs lebt der Funke dieses Gleichnisses. Die Abwegigkeit, ja die Unvergleichbarkeit ist gewollt. Wie, ein Gleichnis, das gerade auf Unvergleichbarkeit beruht?

Welches sollte der Zweck des sonderbaren Gleichnisses sein? Wir haben vorläufig erst gesagt, was der Erzähler womit vergleichen wollte. Und wir könnten nun meinen, er wolle mit dem Gleichnis kleinmütig feststellen, daß sein Wort nur bei wenigen Menschen

Eingang finde, bei vielen anderen leider vertan sei. Nein, das Gleichnis vom Sämann ist nicht betrübte Feststellung eines beklagenswerten Zustandes – es ist zuversichtliche Aufforderung. Ja in diesem Punkt erweist es sich geradezu als ein ‹Ungleichnis›: Der Boden kann nichts dafür, wenn er zu steinig oder zu überwuchert ist oder wenn die Vögel die Körner wegpicken – *ihr* aber seid keine trägen Erdklumpen! Ihr habt eigenen Willen. Jeder von euch kann guter Boden sein, wenn er will. Die in euch sitzenden Hindernisse gilt es zu überwinden. *Ihr* könnt es, der Boden kann es nicht. Daher ist es nicht so, daß den einen von euch beschieden, den anderen aber versagt ist, das Wort aufzunehmen und glücklich zu werden. Jeder ist dazu imstande. Kurzum, es ergibt sich die seltsame Aufforderung: Seid guter Boden!

Hätte Jesus das durch dieses Gleichnis hervorgerufene Mißverständnis verhindern sollen, indem er den Zuhörern einen Fingerzeig in die gute Richtung gegeben hätte – eben mit dem kleinen Satz: Seid guter Boden? Es war nicht seine Gewohnheit, einer Kühnheit seines Wortes die Deutung mitzuliefern.

Und nun noch eine kleine Beobachtung. Über den unfruchtbarsten Boden, den felsigen, dem man wohl die dummen und stumpfen Menschen gleichsetzen möchte, legt das Gleichnis immerhin eine dünne Erdschicht: «auf felsigen Boden, wo es nicht viel Erde hatte». Wenn Jesus, ganz gegen seine Gewohnheit, das harte Bild abschwächt, so hat das etwas zu bedeuten. Selbst auf kargem Felsen ist noch ein bißchen Erde: Es gibt keinen Menschen, der unfähig wäre, den Samen des Wortes aufzunehmen. Keiner ist zu dumm, jeder kann seine Botschaft begreifen. Und in der Erklärung, die Jesus dem Gleichnis auf Verlangen der Jünger nachschickt, deutet er an, daß jenen äußeren, dem Gedeihen des Pflänzchens hinderlichen Umständen innere menschliche Unzulänglichkeiten entsprechen: Oberflächlichkeit, Besitzesgier, übertriebene Lebenssorge – lauter Dinge, von denen sich ein Mensch, wenn er nur recht will, zu befreien vermag. Und den Vogel, der das Samenkorn wegpickt, setzt er dem Satan gleich, der bei allzu leicht Beeinflußbaren sofort das Wort vernichtet; der Satan aber ist ein Wesen, das bekämpft werden muß und kann.

So ist der Schritt dieses Gleichnisses nicht ruhig und gemessen, wie es dem des säenden Bauern entspräche. Der Ton ist leidenschaftlich und beschwörend: hart warnend, wo das Gleichnis die dem Samenkorn drohenden Gefahren, die Disteln, die sengende Sonne, die Vögel, den felsigen Grund, erwähnt, triumphierend aber am Schluß, wo es vielfältig gedeihende Frucht in gutem Boden verheißt. Und um so siegreicher klingt dieser Schluß, als ja der glückliche Fall nicht ein seltener unter vielen unglücklichen ist, sondern für alle Menschen zutreffen kann und soll: In jedem von euch kann und wird dreißigfache, sechzigfache, hundertfache Frucht des Wortes aufgehen!

Das Gleichnis vom Sämann ist der leidenschaftliche

und beschwörende Aufruf, guter Boden zu sein –
Ohren zu haben –, das Wort aufzunehmen, es zu hören und zu beherzigen und das zu überwinden, was
dabei hinderlich sein könnte.

Das Tollkorn im Weizenfeld

Kaum eines von den Gleichnissen Jesu ist so leicht verständlich wie dieses. Doch haben höchstwahrscheinlich einige seiner Zuhörer nicht das verstanden, was Jesus zeigen wollte, sondern das, worauf es ihnen ausschließlich ankam. Für ihr Mißverständnis ist nicht das Gleichnis verantwortlich, sondern der innere Zwang einer wilden Sehnsucht, von dem sie nicht loskamen.

Das Gleichnis ist die Antwort auf ein Anliegen, das einigen Jüngern keine Ruhe ließ. Es mag einer von ihnen etwa so zum Meister gesprochen haben: ‹Unsere Gegner zerstören dauernd das, was wir mit unserer Arbeit zustande gebracht haben. Menschen, die wir für die Sache gewonnen haben, locken sie wieder weg von uns. Sollten wir nicht Gott bitten, er möge unsere Widersacher, wenigstens die gefährlichsten unter ihnen, schon jetzt aus dem Weg räumen? Sie sind nicht nur unsere, sondern auch seine Widersacher. Es darf doch nicht geschehen, daß sie das Gelingen seines Planes vereiteln.› Der Meister pflegte auf diesen gelegentlich aufsteigenden Wunsch nach einem vorzeitigen Strafgericht, zumal wenn er darin Überheblichkeit und eine gewisse Rachsucht wahrnahm, unsanft zu antworten. Dieses Mal, da ihm das Anliegen offenbar in ernst zu nehmender und beinahe einleuchtender Art vorgetragen wurde, lag ihm daran, das, was er dazu zu sagen hatte, ausführlich und genau begründend darzulegen. Er tat dies in dem Gleichnis vom Tollkraut im Weizenfeld (Mt 13,24–30):

Mit dem Himmelreich verhält es sich wie mit einem Manne, der gute Saat auf seinen Acker gesät hatte. Während aber die Menschen schliefen, kam sein Feind, säte Tollkorn mitten unter den Weizen und ging davon. Als aber die Pflanzung aufsproßte und Frucht ansetzte, da zeigte sich auch das Tollkorn. Da kamen die Knechte des Hausherrn herbei und sagten zu ihm: Herr, hast du nicht gute Saat auf deinen Acker gesät? Woher hat er nun Tollkorn? Er aber sprach zu ihnen: Ein Feind hat das getan. Da sagten die Knechte zu ihm: Willst du nun, daß wir hingehen und es sammeln? Er aber sagte: Nein! Ihr könntet beim Sammeln des Tollkorns zugleich mit ihm auch den Weizen ausreißen. Laßt beides miteinander wachsen bis zur Ernte. Zur Zeit der Ernte will ich zu den Schnittern sagen: Sammelt zuerst das Tollkorn und bindet es in Bündel, um es zu verbrennen. Den Weizen bringt in meine Scheune.

Die Knechte machen den Gutsherrn aufmerksam auf das im Weizen wuchernde Unkraut. Es ist Tollkorn, ein giftiges und schwindelerzeugendes Gewächs, das anfänglich dem Weizen zum Verwechseln ähnlich sieht. Der böse Nachbar hat es hineingesät. Zusammen mit dem Weizen ist es aufgesproßt und beginnt

Frucht anzusetzen, und jetzt erscheinen die ersten Merkmale, die es vom Weizen unterscheiden. ‹Sollen wir gehen und es ausjäten?› fragen die Knechte. ‹Nein›, läßt Jesus den Gutsherrn entscheiden, ‹sonst werdet ihr mit dem Tollkorn auch den Weizen ausreißen. Wir warten bis zur Ernte.›

Beide, der Gutsherr und der Vater im Himmel, sind sich bewußt, was von einer solchen Jätaktion zu erwarten wäre. Der Gutsherr weiß, daß man vor der Ährenbildung nicht sicher genug feststellen kann, ob aus einem vermeintlichen Tollkrautpflänzchen, an das man Hand anlegt, nicht doch eine gute Weizenpflanze wird. Er kennt außerdem die Ungeschicklichkeit und die mangelnde Pflanzenkenntnis einiger Knechte, er weiß, daß wegen der Wurzelverflechtung manches Weizenpflänzchen mit ausgerissen würde. – Den Knechten des Gutsherrn entsprächen gewissermaßen ‹Knechte› des Vaters im Himmel, denen er die Arbeit des ‹Jätens›, eben die Durchführung des vorzeitigen Strafgerichts, aufträgt. Auf diese in seinem Namen waltenden ‹Richter› könnte sich der Vater im Himmel verlassen. Um vieles besser als die Knechte des Gutsherrn verständen sie sich darauf, sicher und genau zwischen Gut und Böse zu unterscheiden. Aber sie hätten trotzdem unüberwindbare Schwierigkeiten; sie wüßten nie, ob ein böser Mensch sich nicht doch noch in einen guten wandeln wird. Keiner ist zu schlecht oder zu verdorben, jeder kann sich bekehren – was ja auch die Voraussetzung ist, daß Jesus und seine Jünger die ihnen auferlegte Aufgabe erfüllen können. Ja, es ist möglich, daß aus einem erbitterten Gegner (einem ‹Saulus›) ein begeisterter Anhänger (ein ‹Paulus›) wird. Reißt man jenen aus, dann hat man zugleich diesen entfernt. Weizen aber darf nicht verlorengehen.

In ganz bestimmter Hinsicht erinnert dieses Gleichnis an jenes vom Sämann. Wie dort die verschiedenen ‹Böden› keinen eigenen Willen haben und sich auch nicht verändern können, wohl aber die mit ihnen verglichenen Menschen – so kann sich hier eine Tollkrautpflanze nicht in eine Weizenpflanze verwandeln, wohl aber ein böser Mensch dank seinem freien Willen in einen guten.

Der jätende Knecht kann in einem einzigen Fall mit Sicherheit den richtigen Handgriff tun: dann wenn er eine einwandfrei erkannte Tollkrautpflanze (ohne eine damit verflochtene Weizenpflanze) ausreißt, denn aus ihr wird kein Weizen mehr. – Der Richter beim vorzeitigen Strafgericht dagegen kann nicht einmal mit einem einzigen derartigen Fall rechnen. Keinen einzigen als schlecht erkannten Menschen darf er verurteilen und ausjäten, weil jedem die Möglichkeit zur Besserung gewahrt bleiben muß. Wie soll er da überhaupt jäten und seines Amtes walten? – Wenn es schon der Gutsherr nicht ratsam findet, das Tollkorn jetzt beseitigen zu lassen, wieviel weniger kommt dann für den Vater im Himmel die Anordnung eines vorzeitigen Strafgerichts in Frage!

Das Gleichnis zeigt, daß für den Vater im Himmel ein vorzeitiges Strafgericht ein Widerspruch in sich ist.

★

Der Evangelist überliefert eine Deutung, in welcher Jesus den Jüngern das Gleichnis erklärt habe. Man nimmt mit Recht an, daß sie nicht von Jesus stammt. Trotzdem ist sie aufschlußreich; denn sie scheint unter anderem das Mißverständnis zu enthalten, das sich damals denen aufdrängte, die sehnlich das vorzeitige Strafgericht über ihre Gegner herbeiwünschten. Der Evangelist berichtet (Mt 13,36–42):

Da traten die Jünger zu ihm und sagten: Erkläre uns das Gleichnis vom Tollkraut auf dem Acker! Er aber antwortete: Der die gute Saat sät, ist der Sohn des Menschen; der Acker ist die Welt; die gute Saat, das sind die Söhne des Reiches; das Tollkraut, das sind die Söhne des Bösen; der Feind, der es gesät hat, ist der Teufel; die Ernte ist das Ende der Welt; die Schnitter sind die Engel. Wie man nun das Tollkorn sammelt und im Feuer verbrennt, so wird es am Ende der Welt sein: der Sohn des Menschen wird seine Engel aussenden, und sie werden aus seinem Reiche alle Ärgernisse und Übeltäter sammeln und sie in den Feuerofen werfen; dort wird Heulen und Zähneknirschen sein. Dann werden die Gerechten leuchten wie die Sonne im Reiche ihres Vaters.

Die Herzstelle des Gleichnisses (‹Sollen wir jäten?› – ‹Nein, ihr könntet Weizen ausreißen›) bleibt in dieser Deutung unerwähnt. Mit dem durch das Gleichnis erteilten enttäuschenden Bescheid, das ersehnte Schauspiel eines baldigen Gerichtes werde nicht zu erwarten sein, hatte man sich abzufinden, im übrigen aber wollte man den Entscheid lieber nicht voll zur Kenntnis nehmen und griff gierig nach dem, was einen Ersatz versprach: Dann werde die Ernte, das Endgericht eine um so größere und wildere Veranstaltung werden. Die hier zur Schilderung dieses Endgerichts aufgebotenen Worte und Bilder tragen alle Zeichen der Unechtheit. «Der Sohn des Menschen wird seine Engel aussenden» – als ob Jesus als Stellvertreter Gottes und Kommandant der Engel die Anordnung und Ausübung jenes Endgerichts selber an die Hand nehmen werde. Und da wird man das Unkraut sammeln und verbrennen, und «Heulen und Zähneknirschen wird sein» (eine Lieblingsvorstellung des Evangelisten Matthäus). Und dann, zum Schluß: «Die Gerechten werden leuchten wie die Sonne im Reiche ihres Vaters.» Diejenigen aber, die das mit jubelnder Freude ausrufen, rechnen sich gewiß selber auch zu den Gerechten. Um so herrlicher werden sie ‹leuchten›, in um so hellerem Glanz werden sie stehen, weil es den Gegnern und Widersachern so grausam schlecht ergehen wird.

Mit scheinbarer Gründlichkeit zählt der Urheber dieser Deutung in ausführlichem Katalog auf, was im Gleichnis wem gleichzusetzen sei. Da heißt es etwa: «Die gute Saat, das sind die Söhne des Reiches; das

Tollkraut, das sind die Söhne des Bösen; und der es gesät hat, ist der Teufel.» Demnach gäbe es gute Saat, die Söhne des Reiches, und schlechte Saat, die Söhne des Teufels, und dabei bliebe es. Jene werden hoch belohnt, diese grausam bestraft. Die Erklärungsmethode des starren Gleichsetzens führt hier abseits, weil eben Tollkorn zwar nie Weizen, aber ein schlechter Mensch doch ein guter werden kann.

Das Gleichnis selber weist im Gegensatz zu dieser erschreckenden Deutung den zuversichtlichen und heiteren Blick Jesu auf. Für ihn gibt es keine ‹Söhne des Teufels›, keine von vornherein und endgültig schlechten Menschen. Jeder hat Gutes in sich, es muß die Oberhand gewinnen. Gott gibt jedem die Chance.

Rüge statt Zustimmung

Die Jünger haben es nicht immer leicht mit ihrem Meister. Wir kennen bereits jene Szene, wo der Jünger Johannes ihm meldet, wie er und seine Mitjünger einem ihnen unbekannten Wanderarzt, der sich bei seiner Tätigkeit anmaßenderweise auf Jesus berufe, das Handwerk gelegt hätten; anstelle des erwarteten Lobes erntet Johannes eine Rüge.

*

Eine andere Begebenheit: Sie führt zu dem allgemein bekannten und vielfach dargestellten beinahe allzu lieblichen Bild des Jesus, umringt von Kindern. Die Szene ist so überliefert (Mk 10,13–15):
Und sie brachten Kinder zu ihm, damit er ihnen die Hände auflegte. Die Jünger wiesen die Leute schroff ab. Als Jesus das sah, wurde er unwillig und sagte zu ihnen: Laßt die Kinder zu mir kommen! Haltet sie nicht von mir fern! Denn solchen wie ihnen gehört das Reich Gottes. Wahrlich, ich sage euch: Wer das Reich Gottes nicht annimmt wie ein Kind, wird nicht hineinkommen.
Den kleinen Vorfall stelle ich mir so vor: Jesus, gerade

in ein Gespräch vertieft, hört von der Tür her streitende Stimmen. Zwei oder drei Mütter begehren Einlaß; sie haben ihre Kinder dabei. Einige Jünger stehen dort, sie fahren die Frauen an: ‹Das fehlte noch! Kinder bleiben draußen. Der Meister darf nicht gestört werden.› Jesus ruft hinaus, was los sei. ‹Kinder wollen sie hereinbringen!› Eine der Mütter drängt sich in die Tür: ‹Wir meinten, du könntest ihnen auch gerade die Hand auflegen.› Die Jünger: ‹Nichts da, kein Kindergeschrei! Weg mit euch!› Der Meister wird unwillig. Wegen den Kindern wollen sie die Mütter aussperren; das soll nicht geschehen. Er sagt: ‹Laßt die Kinder nur herein, haltet sie nicht von mir fern!› Und schon lächelt er. Denn oftmals, wenn er den Gedanken aussprach, daß gerade Menschen einfachen Gemütes die geeignetsten für das Himmelreich seien, hat er vergleichsweise auf das Gemüt der unschuldigen Kinder hingewiesen, das noch frei ist von Herrschsucht, Habgier und Vorurteilen. Jetzt drängt es ihn, diese früheren Äußerungen zu bekräftigen. «Solchen wie ihnen», sagt er, «gehört das Reich Gottes.» Und noch deutlicher: «Wer das Reich Gottes nicht annimmt wie ein Kind, wird nicht hineinkommen.» Sollen wir nun die Mütter abweisen, weil sie Kinder mitbringen?
Inzwischen haben die Jünger den Weg freigegeben. Wieder einmal haben sie eine kleine Abfuhr erlitten. Und sie wollten ja nur Unruhe von seinem Gespräch fernhalten. Nicht leicht ertragen sie den Siegesblick

der Frauen, die an ihnen vorbei mit den Kindern hereinkommen.

★

Eine weitere, ebenfalls sehr bekannte Begebenheit. Jesus und einige Jünger sind in einem Haus als Gäste aufgenommen worden. Während eine der Gastgeberinnen, Marta mit Namen, hin und her eilt, um die kleine Gesellschaft zu bewirten, sitzt ihre Schwester Maria zu Füßen Jesu und hört ihm zu. Nach einiger Zeit tritt die emsige Marta zu Jesus hin und sagt (Lk 10,40–42):

Herr, kümmert es dich nicht, daß meine Schwester die ganze Arbeit mir allein überläßt? Sag ihr doch, sie soll mir helfen! Der Herr antwortet: Marta, Marta, du machst dir Sorge und Mühe um viele Dinge. Weniges aber ist notwendig, oder gar nur eines. Maria hat den guten Teil gewählt, der soll ihr nicht genommen werden.

Hier in dem fremden Haus wird sogar die Gastgeberin bloßgestellt. Sie hat sich übrigens korrekt benommen, sie trat nicht zur Schwester hin, um von ihr zu verlangen, sie solle aufstehen, kommen und helfen – sie wandte sich an den Gast, er möge die Schwester als Zuhörerin entlassen, damit sie sich an der Arbeit beteilige. Einen kleinen Vorwurf an den Gast kann sie sich freilich nicht verkneifen: «Herr, kümmert es dich nicht, daß meine Schwester die ganze Arbeit mir überläßt?» Aber der Meister erfüllt den Wunsch der

Gastgeberin nicht – eigentlich gehörte es sich, daß er's täte. Immerhin antwortet er so freundlich wie möglich: «Marta, Marta, du machst dir Sorge und Mühe um viele Dinge.» Du übertreibst mit deiner Bewirtung; mach dir keine Umstände, wir brauchen nicht viel: «Weniges ist notwendig – oder gar nur eines.» Ja, das einzige: daß wir uns um das Reich Gottes bemühen. Es wird nicht berichtet, wie Marta seine Antwort aufgenommen hat. Gewiß ist, daß sie sich schmerzlich darüber wunderte, daß der Mann Gottes ihren so gut gemeinten Eifer so schlecht belohnte; das Bitterste aber für sie war wohl, daß die Schwester, die bei der Arbeit um die Gäste nicht mithalf, von ihm das Lob erhielt, den guten Teil gewählt zu haben, als wenn ihr eifrig dienender Teil schlecht wäre! Auch ist nicht bekannt, ob die emsige Marta die Bedienung nun unterbrach, um neben der Schwester ebenfalls seinen Worten zu lauschen – oder ob sie seufzend weitermachte.

Wie nun? Ist Jesus dem Eifer seiner Anhänger und Jünger gegenüber undankbar? Die wenigen Beispiele zeigen etwas anderes: Sein Widerspruch regt sich gegen jeden Übereifer, der sich um ihn, um seinen Schutz, seine Abschirmung, seine Behaglichkeit und Ungestörtheit bemüht, zumal, wenn solcher Eifer sich zur Schau stellt und verbunden ist mit dem überheblichen Hang, andere in ihre Schranken zu weisen. Laßt ihn gewähren, jenen unbekannten Heilkundigen, der Konkurrenz macht. Haltet niemand von meinem Wort fern. Laßt die Mütter samt ihren Kindern zu mir. Laß doch deine Schwester zuhören. Er sagt es in freundlichem Ton, wohl leicht scherzend, aber unbekümmert darum, daß er da gelegentlich den ihm entgegengebrachten guten Willen kränkt.

★

Nun gibt es eine Szene, die mich beim ersten Lesen – so wie sie überliefert ist – in erheblichen Maß bedrückte. Es schien mir, sie mache nun eben doch in der Wesensart Jesu einen beinahe schulmeisterlichen Zug sichtbar, nämlich die Neigung, am Tun und Reden seiner Jünger, wenn immer möglich, etwas auszusetzen und selbst eine harmlose Äußerung als Gelegenheit zu belehrender Widerrede zu benutzen. Denn diesmal fehlt jeder Beweggrund, gegen eine Anmaßung oder Überheblichkeit einzuschreiten. Der Leser sei jedoch beruhigt: Wir müssen den peinlichen Vorwurf nicht auf Jesus sitzen lassen. Dies zu zeigen, scheint mir der Mühe wert. Es handelt sich um folgendes (Mk 13,1–2):

Und als er den Tempel verließ, sagte einer der Jünger zu ihm: Meister, schau, was für Steinblöcke und was für ein Gebäude! Jesus sagte zu ihm: Ja, du schaust dieses große Gebäude an. Kein Stein wird auf dem anderen bleiben, der nicht zerstört würde.

Läßt der Meister die staunende Begeisterung des Jüngers vor dem gewaltigen Bauwerk nicht gelten? Die Szene ist für den Evangelisten nicht zu Ende; er läßt eine lange Fortsetzung folgen (Mk 13,3–37): Als sich Jesus danach auf dem Ölberg niedergesetzt habe, dem Tempel gegenüber, hätten ihn die Jünger gefragt: «Sag uns, wann wird das geschehen, und was ist das Zeichen dafür, daß das Ende von all dem bevorsteht?» Seine Antwort darauf ist eine ungewohnt lange Rede über bevorstehende Kriege, Katastrophen, Erdbeben, Hungersnöte, über den Anbruch der Endzeit, sodann über die Wiederkunft des Sohnes des Menschen, der die Auserwählten von allen Enden der Welt versammeln werde…

Die hier überlieferten Prophezeiungen tragen in ihrer atemlosen und angstvollen Geschwätzigkeit alle Zeichen des Unechten. Nicht nur die fiebrigen Visionen, sondern auch manche Betrachtung darüber passen nicht zu Jesus; nur ein Beispiel (V. 20): Wenn Gott die kommende Schreckenszeit nicht verkürzen würde, heißt es da, so würde kein Mensch überleben, aber «um seiner Auserwählten willen» werde er sie verkürzen. Und mitten aus dieser Rede guckt der späte Schreiber hervor und verrät seine Urheberschaft mit der Mahnung (V. 14): «Wer das *liest*, merke es sich!» – Mit großer Macht und Herrlichkeit werde der Messias auf Wolken kommen und seine Engel aussenden. Dann aber – diesem Bild von schimmernder und lauttönender Pracht völlig widersprechend, das sicher echte Wort Jesu – werde sich das Reich Gottes

sehr sachte ankündigen (V.28): Wie man am Saft-
treiben des Feigenbaumes das Kommen des Sommers
merke, so werde man aus ebenso feinen Anzeichen
das Kommen des Himmelreichs spüren – ein leises
Bild für das allmähliche Sich-Durchsetzen des obersten Gebotes, vergleichbar dem vom Sauerteig und
dem vom Senfkorn. Und all das, heißt es dann
(V.30), werde noch in dieser Generation geschehen.
Der hier anschließende Satz läßt uns jählings aufhor-
chen (Mk 13,31):
Himmel und Erde werden vergehen, aber meine Worte
werden nicht vergehen.
Der Satz paßt ganz und gar nicht an diese Stelle. Jesus
kann nicht vom baldigen Kommen des Himmelreichs sprechen und unmittelbar danach den Unter-
gang des Himmels und der Erde prophezeien; denn
das Himmelreich möchte sich doch, wie im Himmel
so auch auf der Erde, verwirklichen! Aber anderswo
paßt der kleine Satz: Als Abschluß des oben zitierten
kurzen Gesprächs mit jenem Jünger angesichts des
gewaltigen Tempels. Und er paßt dort nicht bloß,
man erwartet geradezu einen derartigen Gedanken.
Wenn wir die ganze Rede dazwischen als eine spätere
Zutat ansehen – die Prophezeiungen als unecht, jenes
Bild vom Saft des Feigenbaumes zwar als echt, jedoch
bei anderer Gelegenheit gesprochen –, dann mag das
kleine Gespräch ungefähr so geklungen haben:
‹Schau, Meister, was für mächtige Gewölbe, was für
Quadersteine!› – ‹Ja, nicht wahr, gewaltig ist das, was

du da siehst; man meinte, nichts sei dauerhafter. Und doch ist auch das vergänglich, wie alles Irdische. Unvergänglich und ewig ist etwas anderes: die Wahrheit, unsere Botschaft. Himmel und Erde werden vergehen, meine Worte aber werden nicht vergehen.›

Die staunende Begeisterung des Jüngers vor dem Tempel setzt beim Meister etwas in Bewegung, was dem Wesen nach seinem Witz zugehört: seine Vorliebe für extreme Gegensätze des Wortes. Wir erinnern uns an die grotesken Bilder, die Allerkleinstes neben Allergrößtes stellen, etwa an das vom Nadelöhr und vom Kamel. Diesmal ist es kein Bild, sondern ein kühner und stolzer Gedanke über höchste Wirklichkeit. Freudig ergreift er den denkbar äußersten Gegensatz: Quadersteine, unverrückbar für tastende Hände, doch trotz ihrer Dauerhaftigkeit vergänglich – seine Worte, in die Luft gestoßener Hauch, doch trotz ihrer dünnen Hinfälligkeit unvergänglich!

«Himmel und Erde werden vergehen» – kein Gedanke an Weltuntergang; hier ist ‹Himmel und Erde›, wie im ganzen Alten Testament, allumfassender Ausdruck für ‹alles›. Alles Irdische und wenn's sein könnte, alles Himmlische – alles wird vergehen. «Aber meine Worte werden nicht vergehen»: Vor dem Volk würde das anmaßend klingen; vor dem Jünger und Freund darf er den sieghaften Gedanken aussprechen – mit Überzeugung und zugleich mit

Vertraulichkeit. Denn seine Worte sind auch für den Jünger die Wahrheit: Unsere Wahrheit, mein Freund, bleibt wahr, selbst wenn alles andere unterginge.

Nein, die Antwort des Meisters «Kein Stein wird auf dem anderen bleiben» ist keine belehrende Widerrede, die dem Jünger die Bewunderung vor dem großen Bauwerk zunichte macht. Der Jünger *soll* staunen vor jener massiven Dauerhaftigkeit; an ihr aber soll er die weit höhere, die wahre Dauerhaftigkeit messen, die stolze Unvergänglichkeit der Botschaft.

Die Donnersöhne

In der Aufzählung derjenigen, die er als Jünger beru-
fen hat, werden uns die beiden leidenschaftlichen
Söhne des Zebedäus so vorgestellt (Mk 3,17):

*... Jakobus, der Sohn des Zebedäus, und Johannes, der
Bruder des Jakobus, denen er den Beinamen Boanerges,
das heißt Donnersöhne gab ...*

Daß er sie «Donnersöhne» nannte, dazu veranlaßten
ihn gewisse Erlebnisse, von denen eines überliefert ist.
Eines Tages hatte der Meister Boten in ein Dorf vor-
ausgeschickt, die Unterkunft suchen sollten. Sie kamen zurück mit dem Bescheid, man nehme ihn dort
nicht auf. Darüber empörten sich vor allem die beiden Söhne des Zebedäus. Sie sagten (Lk 9,54–55):

*Herr, willst du, daß wir Feuer vom Himmel fallen und sie
verzehren lassen? Da wandte er sich um und bedrohte sie.*

Auf das bei den Jüngern gelegentlich aufwallende
Verlangen nach einem baldigen Strafgericht haben
wir beim Gleichnis vom Unkraut hingewiesen. Der
unfromme Wunsch erfaßte wohl am häufigsten die
beiden Zebedäussöhne, denen der Meister deswegen
den Beinamen ‹Donnersöhne› gab. – «Willst du, daß
wir», sagen sie hier; sie meinen eher: ‹wir wollen, daß
du›. Ihrem rachedurstigen Wunsch gemäß müßte

doch wohl er, der Meister, den Feuerregen veranstalten. Sie verlangen von ihm, er solle an Gottes Stelle Gericht halten. Auf dieses Ansinnen hin «bedrohte» er sie.

‹Bedrohen› ist die Verlegenheitsübersetzung eines schwer wiederzugebenden Wortes. Das Verb ‹epitiman› (von ‹timé›/Ehre, Strafe) heißt im älteren Griechisch strafen und tadeln; im Neuen Testament hat es eine leidenschaftliche Bedeutung angenommen, etwa ‹mit wilden, auf Ehre und Strafe hindeutenden Anrufen auf jemand losgehen›, wobei solche Anrufe lauten könnten ‹Untersteh dich! Das fehlte noch! Schäm dich! Dir will ich! Fort mit dir!› – So ‹bedrohte› Jesus etwa den in einem Kranken sitzenden unreinen Geist oder den auf dem See tobenden Sturmwind oder, wie hier, einen Menschen, der gerade Frevelhaftes gesprochen hat. Am heftigsten aber pflegt er einen zu ‹bedrohen›, der ihn in Versuchung führt und von ihm die Anmaßung göttlicher Macht verlangt; denn aus einem solchen hört er den Satan sprechen. So fährt er jetzt mit besonderer Wildheit auf die beiden Zebedäussöhne los, die in ihrer grausamen Aufwallung Ungebührliches vorschlagen. «Er bedrohte sie», und ein Teil der Handschriften fügt bei: «und sagte: Ihr wißt nicht, welchen Geistes ihr seid!»

Aber trotz ihrem ungestümen Wesen liebt er die beiden Brüder. Doch er muß sie im Zaum halten. Ihren gelegentlich jäh hervorbrechenden Wunsch, die Geg-

ner in Blitz und Brand versinken zu sehen, möchte
er, wenn immer möglich, zuvorkommen; er möchte
es nicht erst dazu kommen lassen, daß er sie ‹bedrohen› muß. Man kann sich mühelos etwa eine Szene
folgender Art vorstellen: Im Kreis des Meisters und
der Jünger hat soeben einer die Widersacher erwähnt, die ihnen die Erfüllung ihrer Aufgabe er-
schweren. Da entdeckt der Meister in den Augen des
Brüderpaars jenes Flackern, das einem Ausbruch vor-
anzugehen pflegt, und er sagt lächelnd: ‹Jetzt denken
unsere beiden Donnersöhne wieder einmal an Blitz
und Donner.› Die beiden werden etwa antworten:
‹Du sagst es, Meister, daran allerdings denken wir!›
Und während noch bei diesen Worten der Zorn in
ihnen hochsteigt, kündigt im nächsten Augenblick
ein etwas verzerrtes Lächeln an, daß durch das leicht
spottende Eingreifen des Meisters ihre Aufwallung
bereits wieder abklingt. Und die Runde, sich frühe-
rer Ereiferungen der beiden Hitzköpfe erinnernd,
stimmt ein kleines Gelächter an, bei dem die Donnersöhne, entwaffnet, noch etwas säuerlich, aber
doch befreit, mittun.

⋆

Nun ist aber auch von einer erschütternden kleinen
Szene zu berichten. Eines Tages kam die Mutter der
leidenschaftlichen Donnersöhne zu Jesus, und sie
brachte gleich ihre Söhne mit (Mt 20,20–23):
Sie warf sich vor ihm nieder und wollte um etwas bitten.

*Er fragte sie: Was willst du? Sie sagte zu ihm: Bestimme,
daß diese meine beiden Söhne zu deiner Rechten und zu
deiner Linken sitzen dürfen in deinem Reich! Jesus antwortete: Ihr wißt nicht, um was ihr bittet. Könnt ihr den
Kelch trinken, den ich trinken werde? Sie sagten: Wir
können es. Er sagte: Meinen Kelch zwar werdet ihr trinken, aber den Platz zu meiner Rechten und zu meiner
Linken habe nicht ich zu vergeben, sondern mein Vater.*

Jesus hatte seinerzeit die beiden Brüder, als sie gerade
mit ihrem Vater Netze flickten, von der Arbeit weg
als seine Jünger mitgenommen. Als die Wanderschaft
sie eines Tages wieder in die Gegend am See führt
und sie zuhause vorbeikommen, fleht die Mutter sie
an, nun doch wieder dazubleiben. Nein, sie wollen
und müssen mit dem Meister weiterziehen. Sie schil-
dern der Mutter in lebhaften Farben, was für eine
Herrlichkeit sie gewinnen würden, sie beschreiben ihr
das Reich Gottes, jene prächtige Tafelrunde, die dort
zu erwarten sei. Und dort würden sie neben dem
Meister sitzen, rechts und links von ihm. Ist es denn
nicht auch dein Glück, Mutter, uns glücklich zu wissen? Die Mutter will über das, was die beiden ihr
vorschwärmen, Gewißheit haben. Kurzerhand geht
sie mit ihren Söhnen zum Meister. Bestätigt er deren
Erwartungen, so will sie den Schmerz der neuerlichen
Trennung ertragen. Ebenso leidenschaftlich wie ihre
Söhne sagt sie: «Bestimme, daß diese meine beiden
Söhne zu deiner Rechten und Linken sitzen dürfen
in deinem Reich!»

Wie soll Jesus auf die überraschende und in ihrer Selbstlosigkeit rührende Bitte dieser Mutter antworten? Er wendet sich zunächst den beiden Söhnen zu mit der Frage, ob sie mit ihm, wenn es sein müßte, bis an bittere Ende gehen könnten. Wie erwartet sagen die beiden, sie könnten es. Mit dieser Zwischenfrage will er nicht Zeit gewinnen, viel eher liegt ihm daran, der Mutter vor seiner ablehnenden Antwort ausdrücklich zu zeigen, daß ihre Söhne eine Auszeichnung durchaus verdienen würden. «Meinen Kelch zwar werdet ihr trinken» – und nun seine Antwort auf die Bitte der Mutter: «aber den Platz zu meiner Rechten und zu meiner Linken habe nicht ich zu vergeben, sondern mein Vater.»

Die Antwort, so einfach sie ist, enthält sehr Aufschlußreiches, aber auch Beunruhigendes, ja Verzwicktes. So sehr sie es verdienen würden, er kann ihnen den gewünschten Platz an der Tafel im Himmelreich nicht versprechen. Zu unserem Erstaunen stellen wir fest, daß er dazu nicht die wirkliche Begründung nennt, sondern eine andere, die zunächst eher wie eine Ausflucht klingt. Der Vater im Himmel entscheide über die Platzordnung. Schiebt er nicht gegen besseres Wissen jenem die Zuständigkeit zu – da doch gerade der Vater im Himmel von Rangunterschieden in seinem Reich nichts wissen will? Ja, noch schlimmer: Weckt Jesus nicht bei der armen Mutter die falsche Hoffnung, dann werde vielleicht der Vater im Himmel ihren Herzenswunsch erfüllen, da ihre Söhne sich als so treue und verdienstvolle Jünger des Meisters erweisen?

Die Antwort des Meisters hat uns da eine schlimme Verlegenheit beschert. Denn wir erwarten ja in den Worten Jesu die lauterste und genaueste Wahrheit. Nimmt er es doch nicht so genau? Fragen wir danach, wie seine Antwort an die bedrängte Mutter zustande gekommen ist. Das kindliche Bild von der glückseligen Tafelrunde des Himmelreichs ist in der Vorstellung des Volkes fest geprägt. Jesus läßt den Leuten, sogar auch seinen Jüngern, dieses festliche Bild unversehrt, obgleich es seiner eigenen Vorstellung nicht entspricht. Die Menschen sollen sich jene andere, fremde Welt in so leuchtenden Bildern ausmalen, wie sie nur können – sie wird ja in Wirklichkeit noch um vieles schöner sein. Alles Berichtigen und Mutmaßen über die dort zu erwartende Herrlichkeit führt zu nichts, lenkt ab vom einzigen, was die Menschen über das Himmelreich wissen sollen, nämlich: unter welcher Voraussetzung es kommen wird. Wie nun jene Mutter für ihre Söhne um die Vorzugsplätze bei der ewigen Tafelrunde bittet, kann und will Jesus seiner Antwort gewiß keinen Vortrag darüber vorausschicken, daß das Reich Gottes doch etwas anderes als ein dauerndes Gelage sei und daß jedenfalls, selbst wenn es eines wäre, dabei keine Rangordnung bestünde.

Die gute Frau hatte über das genannte übliche Bild hinaus noch eine weitere schiefe Vorstellung: «In deinem Reich», sagt sie, als ob Jesus bei jener Tafelrunde Hausherr und Gastgeber wäre – ein Irrtum, zu dem sie wohl gelangt war, weil sie in den Schwärmereien ihrer Söhne bald den Ausdruck ‹das Reich, von dem er redet›, bald dessen Verkürzung ‹sein Reich› gehört hat. Hier aber setzt die Antwort des Meisters an; einzig diese schiefe Meinung berichtigt er – eben mit dem Hinweis, es werde dort eine höhere Instanz geben, der Vater im Himmel weise die Plätze zu. Mag auch diese Berichtigung ihrerseits schief sein, so fühlt sich Jesus doch berechtigt, so zu sprechen. Denn gesetzt, das Himmelreich bestünde aus dieser Tafelordnung und man säße in bestimmter Rangordnung, so wäre es Sache Gottes, über diese zu entscheiden. Wenn die Frau nun hingeht und sich in Gebeten an den Zuständigen wendet, so wird ihr zwar nicht der Wunsch in seinem Wortlaut erfüllt, jedenfalls aber wird ihren Söhnen etwas anderes verliehen werden, etwas nicht bloß Gleichwertiges. Denn, wie gesagt, wie man sich auch immer das Himmelreich vorstellt, ist gleichgültig angesichts der Gewißheit, daß wir dessen Herrlichkeit nicht ermessen. Daran teilzuhaben ist mehr, als beim Mahl auf Ehrenplätzen zu sitzen. Jesus spricht hier so, als wären die naiven Vorstellungen der Mutter und ihrer Söhne auch die seinen, wobei seine Aussage zugleich mit der auf den eigenen Vorstellungen gründenden Wahrheit im Einklang steht. Er vermeidet dadurch weitläufige, eher verwirrende Belehrungen über Unwesentliches.

76

Nachdem die leidenschaftliche Mutter und ihre stür-
mischen Söhne weggegangen sind, wendet sich der
Meister an die übrigen zehn Jünger. Sie sind über die
beiden Donnersöhne wütend, weil diese durch Ver-
mittlung der Mutter in recht unkollegialer Weise für
sich die schönsten Plätze reservieren wollten. Zu ihnen spricht der Meister jetzt einige Worte, die, im
Gegensatz zu den soeben vernommenen, seine wirkliche Vorstellung vom Himmelreich voraussetzen –
so daß das Vorausgegangene, das als Antwort für jene
Mutter bestimmt war, aus dem Zwielicht der Unge-
nauigkeit ins deutlich Helle gerückt wird (Mt
20,24–27):

*Als die Zehn das hörten, wurden sie über die beiden Brü-
der unwillig. Jesus aber rief sie heran und sprach: Ihr
wißt, daß die Fürsten ihre Völker knechten und die Großen über sie Gewalt üben. Bei euch aber soll es nicht so
sein. Sondern wer bei euch groß sein will, der sei euer
Diener, und wer bei euch der Erste sein will, sei euer
Sklave.*

Er spricht da in extremer und paradoxer Weise:
Überall in der Welt gibt es Herrschende und Ge-
knechtete, aber «bei euch soll es nicht so sein» (und
auch im Himmelreich wird es nicht so sein)! Falls es
aber bei euch doch noch einen Rest von Rangunter-
schied gibt, so müßte der von sonderbar umgekehrter
Art sein: Wer der Erste sein will, sei der Sklave der
anderen!

Petrus der Fels – schwach geworden?

Unter den Jüngern Jesu sind zwei mit dem Namen Simon. Der weniger bekannte hat den Beinamen Zelotes, «der Eiferer»; hier sei vom anderen, dem sehr bekannten die Rede. Als Jesus diesen zum erstenmal sah und ihn unverzüglich zu seinem Jünger berief, gab er ihm den Beinamen «Fels» (Joh 1,42):

Jesus blickte ihn an und sagte: Du bist Simon, der Sohn des Johannes; du sollst Kephas heißen; das heißt übersetzt: Petrus, Fels.

Im Gegensatz zu den Bezeichnungen «Donnersöhne» und «Eiferer», die eher der scherzenden Rede des Meisters vorbehalten blieben, wurde der kräftige Beiname «Fels» in dem kleinen Kreis allgemein gebraucht. Und die Nachwelt kennt diesen Simon besser unter dem Beinamen Petrus als unter seinem richtigen Namen.

Sein großer und schwerer Wuchs scheint ihm den Beinamen eingebracht zu haben. Petrus ist sich seiner Körperkraft bewußt, und er fühlt sich verpflichtet, sie auch für den Meister einzusetzen. Er pflegte, wenn Jesus vor das Volk trat, seine breiten Schultern und sein Gewicht der zudrängenden Menge, ihn schützend, entgegenzustellen – ein Block in der Brandung.

Zwar hält der Meister den Schutz seiner Person nicht für wichtig, er belächelt wohl auch den Eifer seines Beschützers. Aber er duldet dessen ordnende Beflissenheit dankbar; denn sie räumt immerhin Hindernisse aus dem Weg. ‹Wenn wir unseren Fels nicht hätten!› mag er etwa gesagt haben, leicht ironisch, aber anerkennend, freundschaftlich.

Aber Petrus ist nicht bloß der Beschützer des Meisters, er wird auch infolge seiner unerschrockenen und offenen Haltung zu dessen nächstem Vertrauten. Und seine Mitjünger billigen ihm gerne eine gewisse Anführerrolle zu. Oft, wenn sie im Gespräch mit dem Meister nicht recht wagen zu antworten, übernimmt es Petrus, für alle zu sprechen; auch scheut er sich nicht, sich mit freimütiger Kritik oder einem Ratschlag dem Meister zu nähern. Dabei nimmt er es auf seine breiten Schultern, aus solchem Anlaß hart angefahren zu werden.

So ereignete sich eines Tages ein sonderbarer Auftritt. Im Kreis der Jünger erwähnte Jesus sein voraussichtliches Ende. Er werde viel leiden müssen, sagte er, er werde verworfen werden von den Ältesten, den Hohenpriestern und Schriftgelehrten und getötet werden (Mk 8,32–33):

Und mit allem Freimut redete er darüber. Da nahm ihn Petrus beiseite und begann ihm zu wehren. Jesus wandte sich um, sah seine Jünger an und bedrohte den Petrus und sagte: Weg von mir, Satan! Denn du hast nicht im Sinn, was Gott will, sondern was die Menschen wollen.

Im griechischen Text steht das Verb, das wir gewöhnlich mit «bedrohen» wiedergeben, zweimal. Zunächst in dem Satz «Petrus nahm ihn beiseite und begann ihn zu bedrohen»; da jedoch «bedrohen» hier doch allzu heftig ist, sagen wir (nach Luther): «begann ihm zu wehren» – andere schreiben: «machte ihm Vorwürfe». Was wehrt er ihm? Was sucht er so energisch zu verhindern? Bei Matthäus an der Parallelstelle sagt Petrus (Mt 16,22): «Das soll Gott verhüten! Das darf nicht geschehen!» Vor allem will er, daß der Meister nicht davon spricht; er mag ihm etwa zugeredet haben: ‹Bitte schweig, red doch nicht von solchem, mach uns doch nicht alle mutlos!› – Darauf nun, so heißt es, wandte sich Jesus um, schaute die Jünger an und fuhr in aufwallendem Zorn auf Petrus los: «Weg von mir, Satan!» Der Ausdruck «er bedrohte ihn» steht hier in seiner wildesten Bedeutung. Versuche wie «er schalt ihn» oder «wies ihn zurecht» sind viel zu blaß.

Die Szene ist so peinlich, daß sie nicht erfunden sein kann. Wie kommt Jesus dazu, gegen den getreuen Petrus, dessen Worte doch aus der besorgten Liebe stammen, auf diese zornige Weise loszugehen, ihn als Satan von sich zu jagen? Was ist geschehen? Jesus hat zu den Jüngern aus der Voraussicht gesprochen, er werde unvermeidlich in die Lage kommen, daß er, um seine Botschaft zu retten, sein irdisches Leben werde lassen müssen. Als nun Petrus auf ihn eindringt, hört Jesus aus den wehrenden Worten den

Versucher, der sich in raffinierter Weise des Petrus, seines Freundes und Vertrauten, bedient und in der Rolle des besorgten Beschützers daherkommt, um ihm den von Gott auferlegten Opferwillen auszureden.

Petrus muß bei dem so unvermuteten Ausbruch des Meisters jählings erschrocken sein. Und wir? Mancher von uns, so vermute ich, wird sich nicht bloß aufs höchste wundern, er wird sogar betroffen sein – freilich in einem anderen Sinn als Petrus. Ist es denn möglich, daß Jesus die Worte eines anderen Menschen falsch hört, daß er die Absicht eines Jüngers mißversteht, daß er gerade da irrt, wo wir es bei ihm zu allerletzt erwartet hätten, bei der Beurteilung dessen, was in den Gedanken der Menschen vorgeht? – Ohne Zweifel hat Jesus, wie kaum ein anderer, den scharfen, rasch verstehenden Geist, die Menschen zu durchschauen. Aber verlangen wir nicht Allwissenheit von ihm! Er irrt höchst selten, aber er kann irren. Dadurch steht er, so scheint mir, uns näher.

Dem Meister mag nachträglich bewußt geworden sein, daß er da dem guten Petrus Unrecht getan hat. Sicher ist jedenfalls, daß solche Auftritte das Verhältnis der beiden in keiner Weise zu trüben vermochten. Petrus blieb für den Meister der nächste Vertraute, auf den jederzeit Verlaß war.

*

In voller Beschützertätigkeit sehen wir Petrus an der Spitze der Jünger auch in jener späteren Gefahr: vor, während und nach der Gefangennahme Jesu. Hier bedarf Petrus und sein stolzer Beiname einer Ehrenrettung. Er hat Jesus verleugnet. Man pflegt dies mit Bedauern, aber mit liebevollem Verständnis als menschliche Schwäche zu entschuldigen – vielleicht mit einer leisen Genugtuung darüber, daß selbst ein Petrus einmal versagt habe. Nein, Petrus bedarf keiner Entschuldigung. Er ist nicht schwach geworden. Milde Nachsicht – das hat er nicht verdient. Er hat den Meister verleugnet, gewiß. Aber er hat nicht versagt. Was soll das heißen?

Wenige Stunden vor seiner Gefangennahme hatte Jesus ein kurzes Gespräch mit Petrus. Es ist uns jedoch in arger Verzerrung überliefert; denn der Evangelist stellte sich vor, der Meister habe offenbar in prophetischer Weise die Verleugnung durch Petrus vorausgewußt, da doch seine Voraussage («vor dem Hahnenschrei») sich später bewahrheitete, und der Meister könne aufgrund dieses prophetischen ‹Wissens› nicht anders als voll Bitterkeit und Zorn zu Petrus gesprochen haben. So wird denn Petrus zu Beginn des überlieferten Gesprächs vom Meister hart angefahren – für etwas, was er noch gar nicht getan hat und was er nicht einmal beabsichtigt; Jesus soll gesprochen haben (Lk 22,31–34):

Simon, Simon, der Satan hat verlangt, euch wie Weizen zu sieben. Ich aber habe für dich gebetet, daß dein Glaube nicht erlischt. Und wenn du umgekehrt bist, stärke deine Brüder. Petrus aber sagte zu ihm: Herr, ich bin bereit, mit dir ins Gefängnis und in den Tod zu gehen. Da sagte Jesus: Ich sage dir, Petrus, der Hahn wird heute nicht krähen, bis du dreimal geleugnet hast, mich zu kennen.

Böse Dinge sind hier dem Meister in den Mund gelegt: Petrus stehe unter dem Einfluß des Satans, und dieser wolle ihn beim Aussieben des Weizens unter der Spreu haben, und diese wird man wohl verbrennen. Doch habe er, der Meister, für ihn gebetet, daß sein Glaube nicht erlöschen möge (denn der Evangelist weiß immerhin, daß Petrus noch eine große Zukunft vor sich hatte). Und – nur halbwegs zu der (angeblichen) Bitterkeit des Meisters passend –: wenn Petrus dann wieder auf dem rechten Weg sei, soll er sich der Mitjünger annehmen, er solle sie stärken. Petrus verteidigt sich und seinen Glauben mit dem Bekenntnis: er sei bereit, mit dem Meister ins Gefängnis und in den Tod zu gehen. Doch diese aus ehrlichem Herzen stammende Erklärung wird sogleich von Jesus durch die bittere Voraussage entkräftet und verworfen: ‹Noch vor dem ersten Hahnenschrei des kommenden Morgens wirst du mich dreimal verleugnet haben.›

Nein, der gereizte Ton des Meisters ist eine Erfindung des Evangelisten. In Wirklichkeit war das ein ruhiges, aber sehr ernstes Gespräch zwischen Jesus und seinem vertrautesten Jünger, von beiden mit mannhafter Gesinnung und Fassung geführt. Petrus sagte dem Meister, was er, wenn das Befürchtete eintrete, tun wolle, und der Meister antwortete, was er dazu meinte. Wie ich mir den Verlauf des Gesprächs vorstelle, sei kurz skizziert. – Als Jesus die drohende Gefahr erwähnt, erklärt Petrus seine Bereitschaft, mit dem Meister Gefangenschaft und Tod zu erleiden. Jesus lehnt den Opfermut des Freundes ab, sein Platz sei bei seinen Mitjüngern: «Stärke deine Brüder!» Das sei das wichtigste. Petrus aber will mehr tun, als bloß die Brüder stärken, er wird sich, solange es überhaupt möglich ist, um den Meister kümmern, sich bei der geringsten Möglichkeit für ihn einsetzen; er erklärt: ‹Ich werde dorthin nachgehen, wohin sie dich führen. Ich will in deiner Nähe sein, und ich will dich herausholen.› Hiervon verspricht sich der Meister nichts; er denkt, Petrus werde bei solchem Vorhaben unerkannt bleiben müssen, dann aber müßte er ihn unweigerlich verleugnen. Er sagt es in seiner bildhaften Sprache: «Ich sage dir, Petrus, ehe heute der Hahn kräht, wirst du dreimal leugnen, mich zu kennen!» Mehr werde bei einem derartigen Versuch nicht herausschauen. In natürlicher Weise sieht Jesus die Verleugnung durch Petrus als unvermeidliche Folge des beabsichtigten Versuchs voraus – dieses Voraussehen ist keine Prophezeiung.

Das Gespräch fand statt nach Sonnenuntergang, wenige Stunden vor der Gefangennahme Jesu. (Die Zeitangabe «ehe *heute* der Hahn kräht» weist hin auf den kommenden frühen Morgen; für die Juden beginnt ein neuer ‹Tag› mit dem Sonnenuntergang des Vorabends.) Als Jesus gefangen fortgeführt wurde, so berichtet Lukas (22,54–62), folgte Petrus von ferne bis zum Palast des Hohenpriesters. Obwohl der Meister davon abgeraten hatte, wollte er sehen, was geschehe und ob er irgendetwas zur Rettung des Meisters tun könnte. Es gelang ihm, unerkannt in den Hof des Palastes zu kommen; er setzte sich zum Gesinde ans Feuer unter dem Vorwand, er wolle sich wärmen, denn es war eine kalte Nacht. Als ihn eine Magd fragte: «Warst du nicht mit Jesus dem Galiläer?» sagte er: «Ich weiß nicht, was du meinst.» Noch zweimal verleugnete er ihn. Da krähte der Hahn. Und er ging hinaus und weinte bitterlich. Nicht darüber weint er, daß er ihn verleugnet hat, er weint über seine Ohnmacht.

Jesus ist zu allen Zeiten viel und oft verleugnet worden, und die meisten, die es taten, wollten sich selbst retten. Niemand aber war jemals in derselben Lage wie Petrus damals, als er ihn, um ihn zu beschützen, verleugnete. Schauen wir uns angesichts dieser Einmaligkeit nach Vergleichbarem um. Stellen wir uns eine Mutter in grausamer Bedrohung vor, in welcher sie ihr Kind retten kann, wenn sie es verleugnet. Sie wird ihr Kind retten, und wenn ihr die Lüge ewige Verdammnis einbrächte. Wird es uns einfallen, von einer menschlichen Schwäche zu reden, die man ihr gütigst verzeihen sollte? Der Vater im Himmel wenigstens würde gewiß das Verhalten der in solcher

Not lügenden Mutter höher einschätzen als das einer anderen, die, in der Meinung, ihr eigenes Seelenheil zu retten, in unmenschlicher und unmütterlicher Eigenliebe ihr Kind preisgäbe.

Darf ein Jünger den Meister verleugnen, wenn er ihn dadurch, vielleicht, retten kann? Er muß – und sieht er auch nur die winzigste Möglichkeit.

Nein, nie ist Petrus, der Beschützer des Meisters, feige oder schwach geworden. So ernst nahm er seine Beschützerpflicht, daß er ihn in jener Nacht verleugnete. Der Jünger Petrus ist der Fels geblieben, auch in bitterster Stunde.

Einen Mühlstein um den Hals

Kaum trauen wir unseren Augen und Ohren, wenn wir das erschreckende Jesuswort lesen oder hören (Mt 18,6):

Wer aber einen dieser Kleinen, die an mich glauben, irremacht, für den wäre es sogar vorteilhaft, wenn ihm ein Mühlstein um den Hals gehängt und er in der Tiefe des Meeres versenkt würde.

Gräßlichste Strafe ist da ausgedacht für den, der «einen dieser Kleinen irremacht». Im Meer sollte er ersäuft werden. Und wie das zu geschehen hätte, dafür sind groteske Vorstellungen aufgeboten. Von den griechischen Wörtern für ‹Meer› sind gleich drei beteiligt (pontos, pelagos, thalassa), eines davon zur Bildung eines völlig ungewohnten Verbs. Wollte man das wörtlich nachahmen, so müßte man etwa sagen: ‹eingeflutet werden sollte er in den tiefsten Strudel des Meeres›. Damit die Versenkung recht gründlich und endgültig wäre, müßte der Missetäter durch ein beigegebenes Gewicht in der Tiefe festgehalten werden. Und Jesus, wie er es in seinen grotesken Bildern zu tun pflegt, greift auch hier nach dem Alleräußersten, nach einem überschweren Steinklotz, dem Mühlstein. Dieser sollte jenem Menschen «um

den Hals *gehängt*» (Mt) oder «um den Hals *gelegt*»
(Mk, Lk) werden; er würde ihm also entweder mit
einem Seil am Hals befestigt – oder so um den Hals
‹gelegt›, daß der Kopf aus dem Loch mitten im
Mühlstein gleichsam wie aus einer mittelalterlichen
Halskrause ragen würde. Zwar wäre diese zweite
Möglichkeit kaum zu verwirklichen, schon deshalb,
weil hierfür der menschliche Hals zu kurz ist; trotzdem neige ich zur Annahme, daß dem Mann aus Nazaret gerade dieses Groteskere und Unmögliche vor-
geschwebt hat, denn sein Witz liebt ja in den tollkühnen Bildern gerade das Absurde.
In dem kurzen Satz bringen noch zwei weitere Stellen den Übersetzer in Verlegenheit. An der einen waren schon die Evangelisten unsicher, wie sie das, was
Jesus in seiner aramäischen Sprache sagte, auf griechisch wiedergeben sollten. Sie versuchen: «für den
wäre es *zuträglich*» (Mt), «*vorteilhaft*» (Lk), «*schöner*»
(Mk); die deutschen Übersetzungen, die ich kenne,
sagen: «für den wäre es *besser*» (ins Meer geworfen zu
werden). Ich habe Mühe, für dieses ‹besser› eine logi-
sche Beziehung herzustellen. Soll man verstehen: Besser als die und die Untat zu tun, wäre es, im Meer er-
tränkt zu werden? Die Strafe also nicht für die Tat,
sondern anstelle der Tat? Warum sagt Jesus nicht
kurzerhand: Wer das und das tut, sollte im Meer ersäuft werden? Es liegt hier, meine ich, etwas Ähnliches vor wie bei anderen seiner tollkühnen Bilder,
wo er es beim Alleräußersten nicht bewenden läßt,

sondern noch einen kräftigen Sprung über die Toll-
kühnheit hinaus tut. Im Gleichnisbild vom Nadelöhr
sagt er zum Beispiel nicht: ein Reicher komme eben-
sowenig ins Himmelreich wie ein Kamel durch ein
Nadelöhr – was ja schon unmöglich genug wäre –,
sondern er sagt: *eher* gehe ein Kamel… In ähnlicher
Weise springt auch in unserem Satz die Vorstellung
über die groteske Übertreibung hinaus, gewissermaßen ins Über-Groteske; wir müssen nur zu unserem
besseren Verständnis das Wörtchen ‹sogar› hinzuden-
ken, nämlich: Mit einem Mühlstein um den Hals im
Meer ersäuft zu werden, wäre für jenen Unmenschen
‹*sogar vorteilhaft*›: Eine noch grausamere Strafe würde
er verdienen!

Wir haben den, der diese gräßliche Strafe verdient,
einen ‹Unmenschen› genannt, und was er getan hat
eine ‹Untat›. Freilich ist mit der Untat kein Verbre-
chen im herkömmlichen Sinn gemeint. Die meisten
Übersetzungen schreiben: «Wer einen dieser Kleinen
‹zur Sünde/zum Bösen› verführt», wobei wohl die
Deutung zugrunde liegt: noch weit schlimmer als die
‹Untat› sei die Verführung dazu, und daher verdiene
der Verführer eine weit härtere Strafe als der Täter. –
Der griechische Text verwendet das Verb ‹skandalizein› (Ärgernis geben, ärgern), abgeleitet von ‹skan-
dalon› (Skandal; ursprünglich das Stellholz in der
Falle, dann: Ärgernis). Daher sagen einige Überset-
zer, dem Wortlaut genau folgend: «Wer einem dieser
Kleinen Ärgernis gibt», doch ist dabei der Satz für

unsere Ohren unbegreiflich. Wie, wer einen dieser Kleinen ‹ärgert›, der sollte auf grausamste Weise umgebracht werden? Die besondere Art des Ärgernisses wird für unsere Stelle etwa in Richtung einer ärgerlichen Störung zu suchen sein, einer Beunruhigung, einer Verunsicherung, eines Irremachens. Ich möchte mich entscheiden für ‹...irremacht› – worin noch etwas von der Hinterlist einer gestellten Falle spürbar sein mag.

Wer sind «diese Kleinen»? Unter denen, die Jesus und seiner Lehre folgen, die «an ihn glauben», sind viele kleine Leute, die in aller Bescheidenheit und ohne besondere Geistesgaben die frohe Botschaft begreifen und bereits für das kommende Reich Gottes gewonnen sind. Wer sich nun eben an einen dieser Kleinen heranmacht, ihn wieder unsicher macht, von der Botschaft weglockt und damit einen, wenn auch winzigen, Ansatz und Beitrag zum Kommen des Himmelreichs wieder zunichte macht, der begeht abscheulichen Frevel. Für einen solchen Menschen könnte keine Strafe zu hart sein.

Der Frevel, von dem Jesus spricht, ist der Sache und der Tat nach vielleicht eine Kleinigkeit; er kann aus Andeutungen des Zweifels bestehen, die in einem bereits Gewonnenen die Botschaft Jesu wieder in Frage stellen. Aber wenn diese Weglockungen und Einflüsterungen Erfolg haben und der bereits Gewonnene in seinem Glauben und Vertrauen irre wird, dann durchkreuzen sie den Plan Gottes. Dem Irremacher zu vergeben, ist nicht Sache der Menschen, sondern Gottes, und er wird sich schwerlich dazu herbeilassen. Der treffendste Beleg hierfür findet sich in dem Wort Jesu (Mt 12,32): «Wer etwas gegen den Sohn des Menschen sagt, dem wird vergeben; wer aber etwas gegen den heiligen Geist sagt, dem wird nicht vergeben.» Jesus ist bereit, was man ihm selber antut, zu vergeben, nicht jedoch das, was man dem heiligen Geist antut – wobei der ‹heilige Geist› etwa bedeuten mag: die in einem Menschenherzen brennende, vom Geist Gottes entflammte und Taten wirkende Begeisterung für den Plan Gottes. Wer diese heilige Begeisterung, die in den Menschen die Voraussetzung für das Kommen des Himmelreichs ist, durch sein Tun zu stören und zu zerstören trachtet, «dem wird nicht vergeben» – auch nicht von Gott.

Nun läßt aber der Evangelist unseren Satz von der grausamen Bestrafung des Irremachers einer kleinen Rede folgen, in der Jesus die Kinder als Vorbilder rühmt – denn sie seien mit ihrer Kleinheit zufrieden und kennten noch kein Machtstreben; *hierin* sollte, wer ins Himmelreich will, einem Kind ähnlich sein. Der Evangelist läßt Jesus von diesem Gedanken aus eine sprachliche Brücke zu unserem Satz schlagen (Mt 18,5): «...Und *wer* ein solches Kind aufnimmt in meinem Namen, der nimmt mich auf. *Wer aber* einen *dieser* Kleinen, die an mich glauben, irremacht...» – was so klingt, als wären mit ‹diesen Kleinen› eben die Kinder gemeint. Die beiden zusammengerückten Stellen haben nichts miteinander zu tun. Abgesehen davon, daß das griechische ‹paidion›, wie das deutsche ‹Kind›, ein Neutrum ist und es heißen müßte ‹eines dieser Kleinen› – die Wendung «die an mich glauben» redet gewiß nicht von einem kindlich-vertrauensvollen Emporblicken, sondern, wie bereits gesagt, von überzeugter und bekennender heiliger Begeisterung für den Plan Gottes, zu welchem doch wohl die Verantwortung erwachsener Menschen nötig ist. Die hinterhältige Störung und Zerstörung einer solch entscheidenden Gemütshaltung ist ein Frevel gegen den Plan Gottes.

Das schaurige Bild der für diesen Zerstörer und Irremacher ausgedachten Strafe ist Ausdruck des Abscheus und des zornigen Eifers. Je grotesker aber die Züge der Grausamkeit sind, mit denen Jesus das Bild ausstattet, um so mehr verliert es den Charakter der *Strafe*. Der überschwere Mühlstein, um den Hals gelegt, übersteigt jede Zweckmäßigkeit, und zur Ertränkung ist die tiefste Tiefe des Meeres nicht notwendig. Aus der vorgeschlagenen Strafe ist eine *Verwünschung* geworden. Eine Verwünschung aber gebärdet sich zügellos und hemmungslos, versteigt sich in wilde Phantasien. Ich könnte mir vorstellen, daß Jesus trotz seiner echten Wut ein ganz kleines beinahe übermütiges Aufblitzen in den Augen hatte, das auf das doch allzu wilde Erzeugnis seines Übereifers hinwies. Doch von seinen Zuhörern lachte wohl keiner. Dies verbot ihnen der heilige Zorn des Meisters.

Hack sie ab, reiß es aus!

In derselben Rede wendet sich Jesus nach der grausamen Verwünschung des Irremachers mit (wie es scheint) gesteigerter Wildheit einer anderen Verlockung, einem anderen Irremachen zu. Er spricht nun von der Verlockung, die den Menschen nicht von außen, sondern aus seinem eigenen Inneren bedrängt. Was der Bedrängte gegen das Ärgernis tun soll, hat diesmal den eindeutigen Wortlaut regelrechter Anweisungen. Doch sind diese so erschreckend, ja grauenhaft, daß an ihre Befolgung nicht zu denken ist. Jesus sagt (Mt 18,8–9):

Wenn dich aber deine Hand oder dein Fuß irremacht, dann hack sie ab und wirf sie von dir! Es ist besser für dich, verstümmelt oder lahm in das Leben einzugehen, als mit zwei Händen und zwei Füßen in das ewige Feuer geworfen zu werden. Und wenn dich dein Auge irremacht, dann reiß es aus und wirf es von dir! Es ist besser für dich, einäugig in das Leben einzugehen, als mit zwei Augen in das Feuer der Hölle geworfen zu werden.

Auf den ersten Blick scheint uns, daß seine Rede nun vollends ins Grausige und Unsinnige überbordet. Will dich deine Hand irremachen, hack sie ab! Ist's das Auge, reiß es aus! Solche Raserei gegen sich selbst, wirklich ausgeführt, ist nur vorstellbar als Folge letzter Geistesverwirrung. Dabei ist das, was da gefordert wird, nicht einmal eine *Selbstbestrafung* für eine ganz böse Tat – denn noch ist die Tat nicht geschehen –, sondern ‹bloß› eine *vorbeugende Maßnahme* zur Verhinderung der Tat.

Auch hier finden wir das griechische Verb ‹skandalizein›, wiederum im Sinn von ‹irremachen›. Wer hier wiederum übersetzt ‹zur Sünde verführen›, könnte dem Leser die Annahme nahelegen, es sei dabei an eine äußerst gemeine und verbrecherische Sünde gedacht, für die sich die vorbeugende gräßliche Verstümmelung eher rechtfertigen ließe – was einem schwachen Versuch gleichkäme, für die unmöglichen Anweisungen doch noch eine etwas bessere Verhältnismäßigkeit herzustellen.

Die Anweisungen sind an diejenigen gerichtet, die bereits für den Plan Gottes gewonnen sind – sie betreffen aber diesmal nicht bloß ‹diese Kleinen›, sondern alle, die mit der Aufnahme ins Himmelreich rechnen dürfen. Denn wenn der hier Angesprochene den schrecklichen Ratschlag befolgt, bleibt er weiterhin, wenn auch verstümmelt, für die Aufnahme vorgesehen: «Es ist besser für dich, verstümmelt ins Leben einzugehen.»

Eine kleine und unscheinbare Sache kann irremachen. Für den, der sich mühsam das Rauchen abgewöhnt hat, genügt es, dem Verlangen nach einer einzigen kleinen Zigarette nachzugeben, daß der schöne

Vorsatz und die aufgewendete Mühe umsonst vertan sind. Welch geringe Ursache, welch ärgerliche Folgen! Hack dir lieber die beiden Finger ab, die das Streichholz führen! So etwa würde jetzt die Anweisung lauten. Oder ein Kleptomane, soeben geheilt, erblickt beim Gastgeber ein Federmesser und spürt das Verlangen, es mitzunehmen. Er sollte schleunigst das Auge, das den lüsternen Blick darauf wirft, ausreißen oder die Hand abhacken, die sich danach ausstrecken will; denn sobald er das kleine Ding nimmt, ist er wieder dem alten Unglück verfallen...

Wie ist Jesus auf diese absurden Anweisungen verfallen? Um mir das vorzustellen, möchte ich annehmen, daß sie in einem früheren Gespräch entstanden sind und daß er sie in die Rede gegen das Irremachen herübergenommen hat. Den Verlauf jenes Gesprächs könnte ich mir etwa so denken: Angenommen, ein Jünger oder ein anderer für die Sache Gewonnener bittet den Meister um Rat: ‹Immer wieder werde ich von Zweifeln heimgesucht. Was soll ich tun, damit ich an unserer Sache nicht irre werde? Was soll ich tun gegen das, was mich weglockt?› – Was rät er ihm? Gegen unsere Erwartung rät er ihm *nicht*, Gott um Hilfe und Kraft anzuflehen. Seine Antwort lautet beinahe abweisend: ‹Es ist ganz allein deine Sache, der Botschaft und dem Plan Gottes die Treue zu halten und der kleinen Verlockung zu trotzen.› – ‹Und wenn meine Kraft nicht ausreicht?› – ‹Sie hat auszureichen; du darfst nicht irre werden, koste es, was es wolle.› – ‹Und wenn ich trotz allem zu schwach bin?› – ‹Dann mußt du dir Gewalt antun.› – ‹Wie soll ich mir Gewalt antun?› – ‹Du könntest…› Und bei diesem Punkt sind mancherlei Vorschläge denkbar, aber lauter absurde. Zum Beispiel etwas von der Art, wie es Odysseus in der Erwartung des verführerischen Sirenengesangs erfand: Naht die Versuchung, laß dich an den Mast binden, vergiß aber nicht, den Gefährten Wachs in die Ohren zu streichen, damit sie dein Flehen nicht hören! Dem Meister fällt das Radikalste und Wildeste ein: ‹Reiß das Auge aus, hack den Fuß, die Hand ab, wirf von dir, was dich auf Abwege führt!›

Man nennt das Schocktherapie. Jäher Schrecken fällt über den Ratsuchenden her, und es ergreift ihn Furcht vor dem Ingrimm des Meisters und Entsetzen vor dessen Anweisungen. Doch Schocktherapie kann gefährlich sein. Wenn der Schock andauert, wenn er nicht gelöst wird, geht er über in Verkrampfung und Starre. Und nun bemerken wir, daß die entsetzlichen Worte des Meisters doch eine Reihe von krampflösenden Zügen aufweisen, und – was wir am wenigsten erwarten – es sind handfeste Elemente seines Witzes. Sie dringen aber dem erschreckten Ratsuchenden erst nach einer kleinen Weile ins Bewußtsein.

Wie, in diesen schrecklichen Worten, in denen wir mit Beklemmung im ersten Augenblick an Krankhaftes dachten, soll irgend etwas sein, das mit Witz

zu tun hat? Schon das jedenfalls, was Schrecken ein-
jagt, entstammt dem Wesensbezirk seines Witzes. Es
ist seine alle Schranken durchbrechende und bis zum
Alleräußersten – hier bis zu alleräußerster Grausamkeit – dringende Gedankenkühnheit. Welches aber
sind die befreienden, den Schock lösenden Dinge?

Ein erstes. Selbstverständlich ist auch Jesus nicht der
Meinung, daß die Hand, die sich zum Diebstahl aus-
streckt, der Sitz der Verführung zum Stehlen ist und
daß im Fuß, der sich auf einen Abweg begibt, der Sitz
der unguten Absicht steckt. Man kann sagen, Jesus
spiele da den naiven Toren, indem er eine unsinnige
und törichte Vorstellung vortäuscht. Man erinnert
sich dabei an jene Posse mit der Steuermünze, wo er
(Mt 22,19) so tut, als meinte er, der aufgeprägte
Name bezeichne den rechtmäßigen Besitzer der
Münze: «So gebt dem Kaiser, was dem Kaiser gehört.» – In unserem Fall kommt noch die naive Anschauung dazu, man müsse nur jenen Sitz des Irremachens und der Verlockung wegschneiden, um das
Ärgernis loszuwerden.

Ein weiteres. Er benutzt hier deutlich und ausführlich das sehr wirksame Kunstmittel der Verdoppe-
lung eines bildhaften Gedankens in paralleler Darstellung, wie er es etwa (Lk 15,4) im Doppelgleichnis
vom wiedergefundenen Schäfchen und der wiedergefundenen Drachme anwandte. Der Reiz dieses
Kunstmittels besteht darin, daß eine beim ersten Mal
vernommene Sonderbarkeit sich beim zweiten Mal

(mit den erforderlichen Veränderungen) in auffallender Weise bestätigt. So hört man an unserer grausigen Stelle den ganz gleichgebauten Satz zweimal: «Wenn dich deine Hand oder dein Fuß (das zweite Mal: dein Auge) irremacht, dann hack sie ab (reiß es aus) und wirf sie (es) von dir; es ist für dich besser, verstümmelt oder lahm (einäugig) ins Leben einzugehen, als...» Der Einwand, damit habe sich also der Schrecken verdoppelt, ist richtig. Es trifft aber auch zu, daß die Anwendung dieses Kunstmittels sonst stets auf eine lustige Wirkung abzielt. Doch das kommt hier wohl nicht in Betracht – wirklich nicht?

Schließlich, als letztes: Zu unserer Überraschung bemerken wir, daß nun doch mitten aus diesen grausigen Bildern ein lösender Gedanke hervorschaut und sich bei seiner Wiederholung bestätigt. Die Worte «Es ist besser, verstümmelt oder lahm ins Leben einzugehen» wecken nämlich die heitere, ja belustigende Vorstellung, einst werde im Himmelreich ein Krüppel daherhinken und von dem hieße es dort, der Wackere habe sich seinerzeit den Fuß abgehackt, damit dieser ihn nicht auf Abwege führe, und eben dadurch habe er den rechten Weg hierher gefunden...

Jesus hat seiner sehr ernsten Forderung, ein bereits Gewonnener dürfe unter keinen Umständen mehr irre werden, nicht nur in kräftiger, sondern in überkräftiger und grotesker Weise Ausdruck gegeben. Er schaut dem Ratsuchenden noch eine kurze Weile mit wilden Augen ins Gesicht. Dann entspannt sich die Wildheit und gibt zu erkennen, daß sie von einem gewissen Grad an ‹gespielt› war. Wie mag das Gespräch, das wir uns vorstellen, zu Ende gegangen sein? Jesus könnte gesagt haben: ‹Nicht wahr, mein Freund, wir werden dafür sorgen, daß wir, wenn möglich, mit zwei Händen, zwei Füßen und zwei Augen ins Himmelreich eingehen.›

Die andere Wange hinhalten

Das Gebot der Nächstenliebe steht schon bei Mose; aber es hat dort nicht die Stellung eines Hauptgebotes. Für Jesus jedoch ist es das zentrale Gebot, von dem alles abhängt. Es lohnt sich, diesen Unterschied kurz zu belegen.

Bei Mose findet es sich in einer langen Reihe von Verhaltensanweisungen; sie sind in einzelne Bündel gefaßt, die jedesmal mit der Formel schließen: «Denn ich bin der Herr.» Eines dieser Bündel lautet (3 Mose 19,17–18):

Du sollst deinen Bruder nicht hassen in deinem Herzen, sondern du sollst deinen Nächsten zurechtweisen, damit du seinethalben nicht Schuld tragen mußt. Du sollst nicht rachgierig sein und nicht zornig gegen die Kinder deines Volkes. Du sollst deinen Nächsten lieben wie dich selbst. Denn ich bin der Herr.

Die erste Anweisung: Den Bruder nicht hassen – sondern ihn, deinen Nächsten, vom Richtigen zu überzeugen suchen; du bist für ihn verantwortlich. Die zweite: Nicht rachgierig sein gegen die Volksgenossen – sondern den Nächsten lieben wie dich selbst. In jener, so scheint mir, ist vor allem an die verwandtschaftlich und freundschaftlich Nahestehenden gedacht, in dieser, etwas erweitert, an die Angehörigen des eigenen Volkes. – Anzuführen aber ist auch das schöne Wort (5 Mose 10,19): «Ihr sollt auch die Fremden lieben, denn auch ihr seid Fremde in Ägypten gewesen.»

Später, in der Zeit zwischen Mose und Jesus, hat der Volksmund das Gebot durch dessen Gegenstück «und deinen Feind hassen» erweitert und zerstört. Jesus teilt diese Redensart mit (Mt 5,43):

Ihr habt gehört, daß gesagt worden ist: Du sollst deinen Nächsten lieben und deinen Feind hassen.

Die Freunde lieben, die Feinde hassen – das bedeutet nur noch: den Gefühlen freien Lauf lassen. Auch die Pharisäer, die Gesetzeswächter, verstanden das von Mose überlieferte Gebot der Nächstenliebe als eine eher unverbindliche Empfehlung; ja es gab welche, die ihre Gleichgültigkeit zu rechtfertigen suchten mit der spitzfindigen Frage (Lk 10,29): Wer eigentlich ist mein Nächster? (Denn stets kann ja ein noch Näherer genannt werden.)

Und dieses teils als nebensächlich vernachlässigte, teils verfälschte oder absichtlich mißverstandene Gebot nimmt Jesus in der vollen Bedeutung und stellt es in die Mitte seiner Lehre. Der heruntergekommenen Redewendung «den Nächsten lieben und den Feind hassen» stellt er entgegen (Mt 5,44):

Ich aber sage euch: Liebt eure Feinde und betet für die, die euch verfolgen.

Auch dann lieben, wenn du keine Gegenliebe er-

101

fährst: Haßt dich einer, so liebe ihn. Doch Jesus versteht Liebe nicht als ein bloßes Gefühl, das wir entweder haben oder nicht haben. Liebe, wie er sie meint, ist eine freudig gebotene Leistung. In origineller und einleuchtender Weise macht er dies deutlich, indem er erklärt (Lk 6,32–35): Es ist keine Leistung, den zu lieben, der dich liebt – das tun auch die Gauner –, oder dem Geld zu leihen, von dem du es mit Sicherheit zurückerhalten wirst; aber den zu lieben, der dich haßt, dort Gutes zu tun, wo du nichts zurückerwartest, das ist eine Leistung.

Auch den Feind lieben! Wie soll ich mich aber verhalten, wenn mein Feind, der nun auch mein Nächster ist, nicht bloß gehässige Gefühle gegen mich hegt, sondern mir feindlich gegenübertritt? Zunächst: wenn er mich mit Worten angreift, mich schmäht? Auf Fragen dieser Art pflegt Jesus weit über das Erwartete hinaus zu antworten. Feindseligkeit soll man nicht bloß duldend über sich ergehen lassen, nein, man soll ihr mit der genau entsprechenden Gegentat der Freundlichkeit begegnen. Gibt er dir böse Worte, bleib nicht stumm; gib ihm gute! Fährt er dich zornig an, erleide es nicht bloß; antworte ihm liebevoll! Von selbst versteht es sich, daß das Gute, mit dem man das Böse beantwortet, aus dem Herzen kommen soll, nicht nur gespielte Freundlichkeit sein darf. Schon im Augenblick also, da der andere die gehässigen Worte spricht, soll man sie verziehen haben. Nichts Geringes ist da verlangt.

Wie aber, wenn einer mich tätlich angreift, mich schlägt? Diese Frage müßte Jesus in eine kleine Verlegenheit versetzen. Da er doch bei solchen Fragen jeweils dem Bösen das entsprechende Gute entgegenstellt – was ist hier das entsprechende Gute? Wer dir ins Gesicht schlägt, dem… Nun denn, was sollst du dem? Welches ist das gute Tun, das dem Schlag ins Gesicht entspricht? Das wäre ja eine Liebkosung! Also: Wer dir ins Gesicht schlägt, dem fahre liebkosend über das Haar! So unbekümmert Jesus die kühnsten Dinge auszusprechen imstande ist – eine derartige Anweisung geht nicht an. Sie würde die Zuhörer abstoßen: Dazu also, zu diesem unmännlichen und würdelosen Verhalten rät dein oberstes Gebot? Doch davon abgesehen – der wütende Gegner würde ja meine Annäherung nicht dulden, oder er würde darin gerade einen Gegenangriff vermuten.

Anstelle dieser untauglichen Antwort, die zwar genau den angeführten Beispielen entspricht (Du sollst nicht hassen, sondern lieben), gibt er eine ganz andere, die freilich noch immer höchst erstaunlich ist (Mt 5,39):

Ich aber sage euch, daß ihr dem Bösen nicht widerstehen sollt; sondern wer dich auf die rechte Wange schlägt, dem halte auch die andere hin.

Der erste dieser beiden Sätze – ich habe ihm hier die wörtliche Übersetzung gelassen – ergibt zunächst einen undeutlichen Sinn. «Dem Bösen nicht widerstehen»: Es kann nicht *das* Böse gemeint sein, dem muß man ja widerstehen; auch *der* Böse ist es nicht, weder der Satan noch der böse Mensch, auch ihnen sollte man nicht zu Willen sein. Sondern entweder ‹der, der euch Böses tut› oder ‹das Böse, das einer euch tut› – dem soll man ‹nicht widerstehen›. Dann kann ‹nicht widerstehen› nur heißen, man solle ‹nicht zurückschlagen›. Also etwa: «Wenn euch ein Böser schlägt, schlagt nicht zurück.»

Wie aber verfiel Jesus auf die sonderbare Anweisung, die andere Wange hinzuhalten? Gewiß, ‹nicht zurückschlagen› ist nicht genug; denn das bedeutet soviel wie: nichts tun, dastehen, warten, abwarten (denn fortlaufen hieße: sich drücken), dem nächsten Schlag ausgesetzt bleiben. Dieses lediglich passive Verhalten aber ist nicht nach der Art Jesu. Gebieterisch drängt sich ihm ein ‹sondern› auf, begleitet von der positiven und gültigen Forderung eines aktiven Tuns. Doch weil das dem erlittenen Bösen genau entsprechende gute Tun, das Liebkosen, unbrauchbar ist, muß dafür wenigstens ein Ersatz her. Da meldet sich ihm der Gedanke: nicht abwarten, sondern hingehen, den nächsten Schlag, dem du ohnehin ausgesetzt bist, ausdrücklich verlangen. «Wenn dich einer auf die rechte Wange schlägt, dann biete ihm auch die andere dar.» Was er da zu tun rät, entspricht allerdings in recht sonderbarer Weise dem empfangenen Bösen. Hat die eine Wange einen Schlag erhalten, soll die Gegenwange nicht zu kurz kommen! Halte auch die linke hin! Er lächelt, während er dies rät, und in sei-

104

nen Augen ist das Blitzen, das wir kennen. Dem, der
dir Böses tut, biete ein entsprechendes Gutes. Deinen
Gegner verlangte danach, dich zu schlagen – lade ihn
ein, es nochmals zu tun, das tut ihm gut! Halt ihm
die Wange hin! Die Zuhörer lachen. Und der Meister, seinem eigenen Wort nachhörend, lacht mit ihnen. Das Wort ist ein Scherz des Augenblicks, ein Ge-
dankenblitz. Es erhebt nicht den Anspruch, ernsthaf-
ter Erwägung standzuhalten und befolgt zu werden.
Er und seine Leute stellen sich sogleich eine oder
mehrere mögliche Szenen vor. Wenn ich hintrete, die
andere Wange darbiete – welche Wirkung kann ich
davon erwarten? Mein Gegenspieler wird jedenfalls
über die völlig neuartige Reaktion verblüfft sein. Ist
er ein leicht aufbrausender Mensch, wird er durch
meine demütige Hochnäsigkeit noch mehr gereizt
und herausgefordert sein. Ist er feiner geartet, wird er
entwaffnet sein, er wird mit leicht verächtlichem
oder leicht beschämtem Kopfschütteln weggehen.
Nein, Jesus denkt nicht daran, im Ernst zu verlangen,
ausgerechnet die andere Wange hinzuhalten. Er selber hält sie auch nicht hin, wie eine bekannte Begebenheit zeigt (Joh 18,19–23): Vor dem Hohen Rat
wird Jesus über seine Tätigkeit verhört; unter anderem erklärt er, er habe nichts im geheimen gesprochen, man solle doch die fragen, die ihm zugehört
haben. Ein Gerichtsdiener, der darin einen anmaßen-
den Ton hört, schlägt Jesus ins Gesicht. Wie reagiert
Jesus? Nein, er hält die andere Wange nicht hin. Sich

vorzustellen, daß er es täte, ist schlechthin unmöglich; und der Hohe Rat wäre nicht imstande, darin etwas anderes zu sehen als die dümmliche Posse eines Narren. Nein, obwohl Jesus als Gefangener dasteht, fordert er stolz und uneingeschüchtert vom Gerichtsdiener die eines freien Menschen würdige Behandlung: «Wenn es nicht recht ist, was ich gesagt habe, dann weise es nach; wenn es aber recht war, warum schlägst du mich?» Er folgt einer anderen Verhaltensregel. Hier hat er sie uns vorgelebt; sie würde etwa lauten: Schlägt dich einer ins Gesicht, versuche ruhig und bestimmt mit ihm zu sprechen.

Die Anweisung, die andere Wange hinzuhalten, ist nicht nur lächerlich, sondern auch der Sache nach fragwürdig. Sie hat zwar ihre Herkunft bei dem obersten Gebot der Nächstenliebe; trotzdem aber wird sie, wörtlich befolgt, gerade diesem selben Gebot wieder gefährlich. Halte ich nämlich meinem Gegenspieler die andere Wange hin, so lade ich ihn zu etwas Häßlichem ein, ja ich führe ihn in Versuchung, an mir, seinem Mitmenschen und ‹Nächsten›, die begonnene feindselige Handlung fortzusetzen und zu steigern. Nun kennen wir ja den Abscheu Jesu vor jeder Art der Verführung; mag auch eine Ohrfeige zu den geringeren Sünden gehören, so würde er in Wirklichkeit die Aufforderung zu dieser an mir zu verübenden kleinen Gewalttat nicht nur für unnatürlich, sondern auch für verwerflich halten.

Ist zwar die Anweisung, die andere Wange hinzuhalten, eher ein Scherz als eine gültige Verhaltensregel, so bleibt indessen die Forderung bestehen: nicht zurückschlagen! Freilich nicht ganz müßig ist die Frage, ob Gewaltverzicht wirklich stets und überall zu gelten hat. Denn, wie gesagt, es gibt Schlimmeres als eine Ohrfeige. Stellen wir uns vor, der barmherzige Samariter (Lk 10,30) käme eine kleine Weile früher des Wegs, schon im Augenblick des Überfalls, hörte die Schreie des Überfallenen, eilte ihm zu Hilfe und schlüge auf die Räuber ein – wäre er wegen solcher Gewaltanwendung zu tadeln? Soll er vielleicht dabeistehen und dem Überfallenen zurufen, auch die andere Wange hinzuhalten? Soll er ihm tröstend zureden, er werde sich dann gerne um ihn kümmern, wenn er zusammengeschlagen sei? – Nehmen wir einmal den äußersten denkbaren Fall an: Ein Gangster will einer Mutter ihr Kind entreißen. Soll sie nicht mit Zähnen und Nägeln Widerstand leisten? Die Forderung des Gewaltverzichts kann offensichtlich Gewaltverbrechern gegenüber nicht gelten, zumal dann nicht, wenn man vor der Wahl steht: Soll man den Verbrecher gewähren lassen und dem Bedrohten die Hilfe versagen – oder soll man Hilfe leisten und dem Verbrecher Gewalt antun? Ich nehme an, Jesus würde einen gewaltsamen Abwehrkampf gegen einen derartigen verbrecherischen Angriff nicht nur erlauben, sondern fordern, weil sich ein solcher Kampf gegen einen vom Satan Befallenen richte, also gegen den Satan selber.

Uneingeschränkt jedoch hat Nächstenliebe zu gelten in dem weiten Raum der Alltäglichkeit, wo doch selbst unter ganz achtbaren Menschen allerhand Feindseligkeiten aufzukommen pflegen, Schmähungen etwa und Kränkungen, sogar auch Handgreiflichkeiten. – Sollte es aber geschehen, daß in einer hitzigen Auseinandersetzung dein bester Freund sich vergißt und dir eine herunterhaut, dann magst du zu ihm hintreten und im die andere Wange hinhalten. Aber dazu ist erforderlich, daß er dein bester Freund ist.

Der Sohn des Menschen

Für dieses Kapitel ersuche ich den Leser um sein besonderes Wohlwollen. Ich bitte ihn, mir, einem vorwitzigen Laien, für diesmal ein gewisses Recht auf Narrenfreiheit zuzugestehen, kraft dessen ich mir anmaßen darf, mit einer Hypothese aufzutreten.

Der Ausdruck «der Sohn des Menschen», mit welchem Jesus gelegentlich sich selber bezeichnete, erscheint uns nicht nur sonderbar, sondern sogar rätselhaft. Jesus spricht zwar häufig sehr kühn, nie aber absichtlich dunkel. Niemand redete ihn mit diesem Ausdruck an. Er allein benutzte ihn, und stets in der dritten Person, nie in der ersten. Er sagte etwa: Der Sohn des Menschen ist gekommen; nicht: Ich, der Sohn des Menschen, bin gekommen. Und er verwendete diese Selbstbezeichnung nicht beliebig, sondern offenbar nur, wenn er damit einen ganz besonderen Sinn seiner Sendung und seines Hierseins deutlich machen wollte.

An einigen Stellen scheint der Ausdruck soviel wie ‹Messias› zu bedeuten – ist er also ein Titel, der allerhöchste gar, in bescheidener Verschlüsselung? Doch an diesen Stellen – sie sind im Johannesevangelium zahlreich, in den ersten drei Evangelien selten – sind ihm die Worte offensichtlich in den Mund gelegt. In ‹echten›, von ihm gesprochenen Worten ist diese anspruchsvolle Bedeutung ausgeschlossen.

Die Erklärungen, die für den rätselhaften Ausdruck angeboten werden, vermögen vielleicht Leute vom Fach zu befriedigen, einem harmlosen Laien vergrößern sie eher das Gefühl der Ratlosigkeit. Mir scheint, man muß versuchen, dem Ausdruck von einer anderen Seite, nämlich von der gesprochenen Sprache her, beizukommen. Wagen wir den Versuch! Gehen wir von der gesicherten Erfahrung aus, daß Jesus sich stets so verständlich wie möglich ausdrükken wollte. Wenn er nun für sich selber manchmal die besondere Bezeichnung benutzte, so tat er es nur, weil er sicher war, daß der einfache Zuhörer sich ohne gelehrte Voraussetzungen dabei etwas Bestimmtes vorstellte. Umgekehrt gesagt: Was sich der Zuhörer zwangsläufig vorstellte, muß der Meister gemeint haben.

Der Ausdruck begegnet uns in zweifacher Form. «Der Menschensohn» übersetzten die einen. Der Zuhörer versteht dabei auf Anhieb: ‹der Mensch›. Zwar heißt dies etwas, paßt jedoch an keiner Stelle, wo Jesus den Ausdruck verwendet. – «Der Sohn des Menschen» übersetzen die anderen und geben damit den wörtlichen Wortlaut wieder (ho hyios tu anthropu) – was aber in unserer Sprache und in unseren Ohren völlig dunkel und unverständlich ist. Nun war aber gerade dieser Wortlaut den Damaligen, auch wenn sie ihn zum erstenmal hörten, keineswegs dunkel; sie hörten darin einen ganz klaren und höchst einfachen Sinn, der in ihrem Sprachgebrauch gegeben war. Ihn gilt es aufzuzeigen.

Beginnen wir mit der folgenden kleinen Szene. Ein junger Mann nähert sich Jesus mit dem Wunsch, sein Jünger zu werden. Der Meister gibt ihm zu bedenken, daß er bei ihm ein entbehrungsreiches Leben auf sich zu nehmen hätte (Lk 9,57–58):

Und als sie wanderten, redete einer Jesus an und sagte: Ich will dir folgen, wohin du auch gehst. Und Jesus sprach zu ihm: Die Füchse haben Höhlen und die Vögel des Himmels haben Nester; der Sohn des Menschen dagegen hat nichts, wohin er sein Haupt legen kann.

Um es vorwegzunehmen: Kein Gedanke daran, der Meister könnte sich selber hier, auf einem kleinen Umweg, als ‹Messias› bezeichnen. Er wird doch auf die einfache Bitte des jungen Mannes nicht großtun, er sei zwar der Allerhöchste, aber usw.

Setzen wir versuchsweise, da er doch von sich selber spricht, für den Ausdruck ‹der Sohn des Menschen› das gewöhnliche ‹ich› ein und vergleichen wir. Es hieße nun: ‹...die Vögel des Himmels haben Nester, ich dagegen habe nichts, wohin ich mein Haupt legen kann!› Tönt dies nicht bitter, das Schicksal anklagend, wehleidig? Alle Kreatur hat ihr Nest, nur ich nicht. Mit dem Ausdruck ‹der Sohn des Menschen›, was er auch immer heißen mag, klingt es anders. Hartes Leben und Obdachlosigkeit scheint zum

‹Sohn des Menschen› zu gehören. Man glaubt Stolz
wahrzunehmen, vielleicht ein Lächeln.

Was war es, was die damaligen Zuhörer nach ihrem
Sprachgebrauch verstanden? Wir wollen einen kleinen Umweg machen und eine Stelle vornehmen, die
zwar unseren Ausdruck selber nicht enthält, aber in
dessen Nähe führt. Wir werden an dem Wort ‹Söhne› anstoßen, das dort so sonderbar verwendet wird,
daß es nicht im Wortlaut in unsere Übersetzungen
aufgenommen werden konnte. Wörtlich überliefert
ist «Söhne des Brautgemachs», und dies bedeutet
(wie denn auch übersetzt wird) «Hochzeitsleute». Es
ist die Stelle, wo Jesus sagt, Hochzeitsleute wollten
lustig sein, man könne von ihnen nicht verlangen,
während der Hochzeit zu fasten (Lk 5,34):

Könnt ihr etwa die Söhne des Brautgemachs zum Fasten
bringen, während der Bräutigam bei ihnen ist?

Wie kamen sie dortzulande dazu, die Teilnehmer an
einer Hochzeit «Söhne des Brautgemachs» zu nennen? Es geschah gelegentlich, daß gerade das froheste
Sippenfest von einer feindlichen Sippe überfallen
wurde (vergleiche die blutige Hochzeit 1 Makk
9,37–42). Die männlichen Hochzeitsgäste sind daher
nicht bloß Teilnehmer an der Fröhlichkeit, sie sind,
wenn es darauf ankommt, auch Verteidiger des
Brautpaares; sie werden Störenfriede vom Brautge-
mach fernhalten. ‹Söhne› heißt also hier soviel wie
Anhänger, Freunde, Beschützer, Verteidiger.

Erinnern wir auch an die damals bei den Juden allge-

112

meine Gepflogenheit, mit ‹Söhnen› eines Volkes die Angehörigen dieses Volkes, aber auch, in kriegerischem Zusammenhang, dessen Krieger zu bezeichnen, zum Beispiel (Ri 11,32–33): «Also zog Jephtha gegen die Söhne Ammons. Und er schlug sie in einer großen Schlacht. Und es wurden die Söhne Ammons gedemütigt vor den Söhnen Israels.»

Wenn nun bei derartigen, damals in der Sprache des jüdischen Volkes allgemein gängigen Ausdrücken die übertragene Bedeutung sogleich verstanden wurde – was mußten sich die Zuhörer vorstellen, wenn sich Jesus als den Sohn des Menschen bezeichnete? Sie konnten auch hier nichts anderes als den übertragenen Sinn verstehen, der sich nach dem Muster zahlreicher ihnen wohlbekannter Beispiele ergab. Selbst wenn einer damals den Ausdruck zum erstenmal aus seinem Mund hörte, verstand er sogleich und eindeutig, daß Jesus sich damit als den *Freund und Anhänger des Menschen* und als den *Kämpfer für den Menschen* bezeichnete.

Von hier aus könnten vergleichbare Ausdrücke einen besonderen Glanz erhalten. Zum Beispiel «Söhne Gottes»: Gewiß zunächst wörtlich Kinder Gottes, des Vaters; sodann, ihrer Untadeligkeit wegen, Lieblinge Gottes; könnten sie nun auch ‹Krieger Gottes› sein? Diese Deutung drängt sich mir an zwei überlieferten Stellen auf, wo von Feind und Verfolgung, Zwietracht und Frieden die Rede ist. Erstens in der für Jesu Botschaft zentralen Anweisung (Mt 5,44–45):

«Liebt eure Feinde und bittet für die, die euch verfolgen, damit ihr Söhne eures Vaters im Himmel werdet» – und zweitens in der bekannten Glücklichpreisung (Mt 5,9): «Glücklich die Frieden machen; denn sie werden Söhne Gottes genannt werden.» – Seht, wird es dereinst heißen, seht die Kämpfer Gottes! Mit friedenbietender Hand schreiten sie auf ihre Gegner zu, und sie vergeben ihren Verfolgern und Peinigern und bitten für sie. Sonderbare Krieger, die nicht mit dem Schwert siegen, sondern mit der Liebe!

Wenn Jesus in jener Szene, von der wir ausgegangen sind, sagt, Füchse und Vögel hätten Nester, der Sohn des Menschen aber habe keinen Ort, seinen Kopf hinzulegen, so ist darin nicht Klage über ein Unrecht, sondern der Stolz des Kämpfers, der die Mühsale und Entbehrungen ohne Murren auf sich nimmt. Gewiß ist ein Kämpfer genügsam und hart gegen sich selber, trotzdem aber ist er nicht von vornherein ein Asket. Als Jesus vorgeworfen wird, er sei ein Fresser und Säufer, wehrt er sich lediglich gegen die hierin ausgesprochene Übertreibung, sagt aber ganz unbekümmert (Lk 7,34): «Der Sohn des Menschen ist gekommen, der ißt und trinkt.» Wird ihm einmal irgendwo reichlich vorgesetzt, so ziert er sich nicht.

Ein echter Kämpfer gibt für seine Sache alles hin – wenn es sein muß auch sein Leben. Und so heißt es denn (Mk 8,31):

Und er fing an, sie zu belehren, der Sohn des Menschen müsse viel leiden und von den Ältesten und den Hohen-

priestern und den Schriftgelehrten verworfen und getötet
werden.

Auch solchen düsteren Ahnungen ist gerade durch die Bezeichnung «der Sohn des Menschen» alles Klagende genommen. Der Kämpfer setzt sein Leben ein. Zur Erringung des Sieges ist es unvermeidlich. Und er erwähnt bisweilen ein «Lösegeld für viele» (Mk 10,44–45):

Und wer unter euch der Erste sein will, der soll der
Knecht aller sein; denn auch der Sohn des Menschen ist
nicht gekommen, um sich dienen zu lassen, sondern um
zu dienen und sein Leben hinzugeben als Lösegeld für
viele.

Gefangene werden mit einem Lösegeld freigekauft. Doch mag hier eher die Vorstellung zugrunde liegen: Ein um seine Freiheit kämpfendes Volk sieht in den unvermeidlichen Verlusten den zu bezahlenden Preis, sozusagen das Lösegeld für die Freiheit. Wenn nun der Sohn des Menschen fallen wird, so wird sein hingegebenes Leben ebenfalls ein Lösegeld sein – für viele, wir dürfen wohl sagen: für alle seine Leute, für die gesamte Menschheit. Jesus ahnt voraus, daß er vor die Wahl gestellt sein wird: entweder seiner Botschaft abzuschwören, worauf ihr Ziel nicht erreicht würde – oder aber sein Leben zur Rettung seiner Botschaft hinzugeben. Dann wird sie siegreich sein, dann wird das Himmelreich kommen, wo wegen allgemeiner Befolgung des Gebotes der Nächstenliebe keine Sünden (wenigstens keine großen) mehr begangen würden. Er wollte meines Erachtens nicht sagen, er werde sein Leben als Lösegeld für die begangenen Sünden der Menschen hingeben; ich halte dies für eine spätere Deutung, die in ihrem blutigen Opfer- und Sühneglauben dem heiteren und freien Gottesverständnis Jesu völlig widerspricht. Der Sohn des Menschen kämpfte und setzte sein Leben ein für die Zukunft, nicht für die Vergangenheit: nicht zur Vergebung, sondern zur Vermeidung der Sünden.

Wird er, der Kämpfer für den Menschen, dereinst sein Leben hingeben müssen, so wird ihm der Tod von den Menschen zugefügt werden – gerade also von denen, für die er kämpft. Dies sprach er einmal vor den Jüngern in einer so harten Form aus, daß sie ihn nicht verstehen wollten. Er sagte zu ihnen (Lk 9,44–45):

Der Sohn des Menschen wird ausgeliefert werden in die Hände von Menschen! Doch die Jünger verstanden dieses Wort nicht; sein Sinn blieb ihnen verborgen, damit sie es nicht begriffen. Und sie fürchteten sich, ihn über dieses Wort zu fragen.

Er wird der sein, dem das Grausamste geschieht. Er wird von den Händen der eigenen Leute fallen – aber nicht durch einen entsetzlichen Irrtum, sondern durch ihre grausame Stumpfheit. Die Jünger erschrecken, als sie den harten Gedanken in so hart reibendem Wortlaut geprägt vernehmen: der Sohn des Menschen ausgeliefert in die Hände von Menschen! Sie haben genau verstanden, aber sie wollen den schrecklichen Gedanken nicht wahrhaben. Sie wagen nicht, ihn zu fragen, wie er das meine; sie spüren, daß er das Gehörte in noch deutlicheren Worten bestätigen müßte.

★

Wie verfiel Jesus auf die Selbstbezeichnung «Sohn des Menschen»? Man könnte sich vorstellen, in einem Gespräch über die verschiedenen Volksteile, Stände und Parteien hätte einer den Meister gefragt, zu welcher Gruppe er sich zähle – ungefähr mit den Worten: ‹Und du, welcher Gruppe Sohn bist du?› –, worauf er geantwortet hätte, er gehöre keiner Gruppe an, er sei nicht der ‹Sohn› einer Gruppe: er sei der ‹Sohn des Menschen›. Und alle hätten es verstanden, er bekenne sich zum Menschen überhaupt.

Ein derartiges Gespräch könnte stattgefunden haben; trotzdem dürften wir es nicht als den Geburtsaugenblick dieser Selbstbezeichnung ansehen. Denn Jesus hatte das Wort schon seit einiger Zeit in seinem Herzen getragen, ehe er es vor den Menschen benutzte.

Auffallend häufig kommt beim Propheten Ezechiel das Wort «Menschensohn» vor. Der Prophet erzählt in seinem leidenschaftlichen Buch, wie Gott ihn angerufen, zu ihm gesprochen, ihm Aufträge erteilt habe. Und Gott redete ihn dabei immer wieder als «Menschensohn» an; etwa neunzigmal liest man diese Anrede. Gott habe etwa zu ihm gesprochen: «Menschensohn, ich will dich zu den Kindern Israels senden.» Deutlich heißt hier ‹Menschensohn› nichts anderes als ‹Mensch›; Gott hat ihn, den Ezechiel, unter den Menschen auserwählt. «Menschensohn» sagt er zu ihm: ‹du, Mensch›.

Beim Propheten Ezechiel findet sich eine Reihe von Gedanken und Bildern, die Jesus übernommen und in irgendeiner Form verwendet hat. Ganz besonders horchen wir dort auf, wo Gott seinen Willen kundtut, er wolle als ein guter Hirt das Verirrte suchen und zurückführen (Ez 34). Der junge Jesus muß durch das Buch des Ezechiel tief beeindruckt worden sein. Und als er in sich den Ruf hörte, auch er müsse neuen Geist in den Menschen entzünden, Verirrtes zurückholen, da war ihm – so stelle ich es mir vor –, als ob Gott auch ihn mit demselben Wort wie ehemals den Ezechiel anrufe: «Menschensohn!» Und dann geschah es eines Tages, daß ihm in diesem Anruf auch jene ganz andere im Sprachgebrauch vorgeprägte Bedeutung vernehmlich wurde: Ja, er ist nicht nur der ‹Menschensohn›, der von Gott angesprochene Mensch, er ist zugleich ‹der Sohn des Menschen›, der Anhänger und Freund des Menschen! Und wenn er nun begann, von sich als vom Sohn des Menschen zu reden, hauptsächlich in Äußerungen über seine Aufgabe und sein zu erwartendes Geschick, so wußte er, daß seine Zeitgenossen nach dem Muster derartiger Wendungen, das verstanden, was er meinte. Dabei wird er selber – und dies mochte ihm ein kleines teures Geheimnis sein – in dem Ausdruck nebenher noch

immer etwas von der Anrede Gottes an den Auserwählten gehört haben, wie sie seinerzeit dem Ezechiel
zuteil geworden war.

Niemals konnte es den damaligen Zuhörern einfallen, selber den Meister als den Sohn des Menschen zu
bezeichnen – weshalb nicht? Sie hörten eine eigen-
tümliche Art von Stolz heraus, wenn er vom Sohn
des Menschen sprach, und daneben wohl auch einen
Hauch von Ironie. Denn zum einen Teil stimmt dieses Selbstgleichnis aufs treffendste mit der ‹Wirklichkeit› überein, zum anderen ist es ihr völlig entgegen-
gesetzt: Mit einem echten Krieger hat Jesus gemeinsam die freudige und harte Bereitschaft, für seine Sache das Letzte einzusetzen und hinzugeben – aber
was für ein absonderlicher Krieger ist er andererseits,
der nicht Tod verbreitet, sondern Leben! Die Zuhörer spürten, daß ihm ganz allein zukam, diesen Stolz,
aber auch diese Ironie anzudeuten. Nie jedenfalls
hörten sie das Wort in erhabenem oder feierlichem
Ton gesprochen – ein solcher Ton hätte sie dann doch
eingeladen, den Ausdruck zu übernehmen und den
Meister mit dieser Anrede zu ehren. «Der Sohn des
Menschen» war und blieb ausschließlich Selbstbezeichnung und Selbstgleichnis Jesu.

Sitzen zur Rechten,
kommen auf den Wolken

Da die Bezeichnung ‹Sohn des Menschen› ausschließlich Jesus selber gehörte und da zudem darin der Sinn des Auserwähltseins spürbar war, geschah es, daß Spätere den Ausdruck als gleichbedeutend mit ‹Messias› verstanden. Das war gewiß nicht im Sinne Jesu, der peinlich vermeiden wollte, im Volk als der Messias zu gelten. Nichts vermag dies deutlicher zu beweisen als das folgende kurze Gespräch mit den Jüngern (Lk 9,18–22):

Und er fragte sie: Für wen halten mich die Leute? Sie antworteten: Einige für Johannes den Täufer, andere für Elija, wieder andere meinen, einer der alten Propheten sei auferstanden. Da sagte er zu ihnen: Und ihr, für wen haltet ihr mich? Petrus antwortete: Für den Gesalbten Gottes. Er aber bedrohte sie und befahl ihnen, dies niemandem zu sagen, und er fügte hinzu: Der Sohn des Menschen muß viel leiden und verworfen werden.

Er hatte vorausgewußt, daß auf seine Frage, wofür er vom Volk und von ihnen selbst, den Jüngern, gehalten werde, unter anderem die Antwort kommen mußte, die nun Petrus im Namen der Jünger gab: für den Gesalbten, den Christus, den Messias. Und nun heißt es: «Er aber bedrohte sie und befahl ihnen, dies niemandem zu sagen.» Einzig deshalb hatte er die Antwort aus ihnen herausgelockt, um ihnen einzuschärfen, sie sollten ihn nicht als Messias im Volk herum verkünden. Das Aufbrausen, das ‹Bedrohen› ist diesmal nicht Ausdruck eines echten, sondern eines gespielten Zorns. Es richtet sich auch nicht gegen Petrus und dessen Antwort, sondern an die Jünger. ‹Untersteht euch! Das darf unter keinen Umständen geschehen!› Geschähe es trotzdem, dann freilich wäre sein Zorn echt.

Die Messias-Erwartung des jüdischen Volkes brachte Jesus in erhebliche Schwierigkeiten. Daß einige seiner Anhänger mit dem Gedanken spielten, er könnte der Erwartete sein, darin sieht er eine große Gefahr, nicht bloß für sich, sondern vor allem für seine Botschaft. Der ‹Messias› ist eine feste und vorgeprägte Wunschvorstellung des Volkes. Einige Züge dieser Vorstellung treffen auf Jesus sicherlich nicht zu, jene nämlich, die mit königlicher Macht und Pracht zu tun haben, mit wundersamem Kommen, glanzvoller Ankunft, Hofstaat, immerwährendem Gastmahl. Eines andererseits trifft auf ihn zu, ein einziges: Er wird das Reich Gottes herbeiführen. Wenn dieses dereinst da ist, wird man jedenfalls keinen Messias mehr erwarten. Aber selbst das Gottesreich wird anders sein, als man es sich stets vorgestellt hat. Es wird sich einzig auf die Liebe gründen. Und es wird nicht nur das jüdische Volk, sondern alle Menschen umfassen.

Nie verlangt Jesus von den Menschen Verehrung. Nichts liegt ihm ferner, als mit dem Messias-Anspruch aufzutreten. Täte er es aber – eben aufgrund des einzigen zutreffenden Punktes, daß er das Reich Gottes bringt –, so müßte er gegen die allgemeine Vorstellung anrennen mit der Behauptung, der Messias sei eben anders, als man ihn bisher erwartet habe. Und sogleich befände man sich über die Wunschvorstellung des Messias in wilder und völlig nutzloser Streiterei, die weit von dem ihm gewiesenen Ziel wegführen würde. Nein, der Erfüllung seiner Aufgabe strebt er zu, unbeirrbar, als der Sohn des Menschen, der Anhänger und Freund des Menschen, der Kämpfer für ihn. Und er ist bereit, für seine Sache zu fallen. Als er nun den Jüngern verbietet, ihn als Messias zu verkünden, fügt er bei: «Der Sohn des Menschen muß viel leiden und verworfen werden.» Auch hierin unterscheidet er sich von der hergebrachten Messiasvorstellung.

★

Es gibt aber eine Stelle von großem Gewicht, die den Eindruck hervorrufen könnte, daß ‹Sohn des Menschen› nun doch soviel wie ‹Messias› bedeute. Jesus steht gefangen vor dem Hohenpriester und dem versammelten Rat der Ältesten und Schriftgelehrten. In dem Verhör wird ihm die Frage gestellt: Bist du der Christus, der Messias?

Die Evangelisten berichten nicht übereinstimmend. Am nächsten dem Verlauf des Verhörs kommen wir wohl, wenn wir von den beiden folgenden Stellen die zweite als Fortsetzung der ersten lesen. So heißt es zunächst (Lk 22,66–68):

Als es Tag geworden war, versammelte sich der Rat der Ältesten des Volkes, Hohepriester und Schriftgelehrte, und sie ließen Jesus vorführen. Sie sagten zu ihm: Bist du der Gesalbte, so sag es uns! Da sprach er zu ihnen: Wenn ich es euch sage, werdet ihr nicht glauben; wenn ich aber frage, werdet ihr nicht antworten.

Und dann (Mt 26,63–65):

Jesus schwieg. Da sprach der Hohepriester zu ihm: Ich beschwöre dich bei dem lebendigen Gott, daß du uns sagst, ob du der Christus, der Sohn Gottes bist. Jesus antwortete: Du hast es gesagt (ja, ich bin's). Ja, ich sage euch: Von jetzt an werdet ihr den Sohn des Menschen sitzen sehen zur Rechten der Macht und kommen auf den Wolken des Himmels. Da zerriß der Hohepriester sein Gewand und sprach: Er hat gelästert. Was brauchen wir noch Zeugen?

Die Frage «Bist du der Messias?» hat drohenden Ton; denn sie bedeutet: Gestehst du den Frevel, dessen wir dich anklagen? Es ist aber darin zugleich die Frage eingeschlossen: Stehst du zu deiner Sache, oder willst du dich drücken? Auf diese unausgesprochene Frage könnte er sofort sagen: ja, er stehe zu seiner Sache. Aber die wirklich gestellte, die so ganz am Wesentlichen, ja an der Wahrheit vorbeifragt, ob er der Messias sei, ist beinahe unmöglich zu beantworten. Denn das von ihm verlangte Bekenntnis muß unweigerlich vom verhörenden Rat in völlig anderem Sinn verstanden werden. Jesus könnte zwar ausweichend, doch durchaus der Wahrheit getreu sagen, da er kein mit Macht und Glanz auftretender König sei, entspreche er nicht der hergebrachten Messiasvorstellung, und, ob er der Messias sei oder nicht, habe er nie für entscheidend gehalten, und er sei nie mit dem Messias-Anspruch aufgetreten. Aber der verhörende Rat würde auf der eindeutigen Beantwortung der Frage bestehen: Bist du, nach deiner Überzeugung, der Messias?

Er macht einen kleinen Versuch, die Antwort zu umgehen. Doch in dem Versuch ist das verlangte Bekenntnis im Grunde bereits eingeschlossen; er weiß, daß er nicht ausweichen kann. «Wenn ich es euch sage» – und das wäre: ‹daß ich der Messias bin› (sofern nämlich der Messias das Reich Gottes bringt) –, «so werdet ihr es nicht glauben.» Und auf eine Diskussion über den Begriff Messias würden sie sich nicht einlassen: «Wenn ich aber frage» (etwa: was ihr unter dem Messias versteht), «so würdet ihr nicht antworten.»

Als aber der Hohepriester in der Form höchster Beschwörung, beim lebendigen Gott, eindeutige Antwort fordert, kann er sich unmöglich länger weigern. Er bekennt: «Du sagst es» – nach dem Sprachgebrauch eindeutig: ‹Ja, was du fragst, trifft zu; ja, ich bin es›.

Im Augenblick, da er dieses Bekenntnis ausspricht, steigt in ihm eine Art Trotz hoch – darüber, daß sein Bekenntnis für die Ohren dieser Menschen nicht anders als lächerlich sein kann; denn sie sehen nur den aberwitzigen Widerspruch: Er, der in völliger Wehrlosigkeit Dastehende und so gut wie zum Tode Bestimmte, behauptet, er sei der mächtigste von allen Königen, die je gewesen sind und sein werden, der von Gott gesandte. Es drängt ihn, dem Bekenntnis eine Erklärung nachzuschicken, die solche Lächerlichkeit abwehrt – das ist er diesem höchsten Bekenntnis schuldig. Die beizufügende Erklärung muß aber von äußerstem Stolz sein, sie muß zeigen, daß sein gegenwärtiges Ausgeliefertsein bedeutungslos ist vor der kommenden Herrlichkeit. Er erklärt: «Ich sage euch: Von jetzt an werdet ihr den Sohn des Menschen sitzen sehen zu Rechten der Macht und kommen auf den Wolken des Himmels!»

Mit diesem kurzen Satz stellt er sich selber hinein in zwei Bilder, die beide bereits in der Vorstellung des Volkes, und damit auch des verhörenden Rates, lebendig sind. Es sind Bilder von messianischem Glanz und Wunder. Das eine: zur Rechten Gottes wird er sitzen – das andere: auf den Wolken wird er kommen. Zwei Bilder zugleich von höchster Anmaßung. Da man ihm nun im Verhör das anspruchsvollste Bekenntnis abgenötigt hat, wird er doch wohl berechtigt sein, sich in diesen Bildern so hoch empor zu heben, wie sie der hergebrachten Vorstellung vom Messias entsprechen. Die beiden kurz angeleuchteten trotzigen Selbst-Bilder entsprechen zwar hergebrachten Vorstellungen, nicht aber den Vorstellungen Jesu; er braucht sie in gleichnishafter Art.

Das eine – «sitzen zur Rechten der Macht», zur Rechten Gottes – ist jenes bekannte, wie man im Himmelreich mit Gott und den großen Vorfahren zu Tisch sitzen wird. Obgleich Jesus wußte, daß im Himmelreich keine Entfaltung äußerer Pracht zu erwarten ist, sondern eine Entfaltung des wahren Glücks, wie er es etwa in den Glücklichpreisungen verheißt, so pflegte er das hergebrachte Bild von der glänzenden Tafelrunde nicht nur in der Vorstellung der Menschen gelten zu lassen, sondern sich dessen sogar gelegentlich selber zu bedienen (z. B. Lk 13,29), da ja jedenfalls die kommende Wirklichkeit nur noch unendlich viel schöner sein wird. Jetzt aber, da er sich dieses einzige Mal und gezwungenermaßen als Messias bekennt, geschieht es, daß er in trotziger Hochfahrenheit sich selber an den Ehrenplatz der himmlischen Tafel setzt. Er, der Sohn des Menschen, werde dort «von jetzt an» (nach seinem nun bevorstehenden irdischen Tod) an der Seite Gottes sitzen auf dem Platz, der dem Messias gebührt.

Und nun unsere Frage: Heißt ‹Sohn des Menschen› dasselbe wie ‹Messias›? Der Sohn des Menschen wird sitzen auf dem Platz des Messias. Da wird deutlich sichtbar sein: Seht, der Sohn des Menschen ist der Messias! Wer nun hieraus folgert, demnach bedeute

doch ‹Sohn des Menschen› soviel wie ‹Messias›, der
gibt sich einer sprachlichen Täuschung hin. Die gegenteilige Folgerung ist richtig, nämlich die, daß gerade zwei verschiedene Bezeichnungen für denselben
Menschen gelten. Wir müssen hier eine einfache Gepflogenheit der Sprache erwähnen; man verzeihe den
törichten Vergleich: Wird zum Beispiel in einem
Dorf der Dorfbäcker zum Gemeindepräsidenten gewählt, so wird man sagen: Der Bäcker wird in der
Versammlung oben am Tisch sitzen; denn ‹der Bäk-
ker ist Präsident›. Trotzdem heißen ja die beiden Be-
griffe Bäcker und Präsident sicherlich nicht dasselbe.
Sehr eigentümlich ist es, daß wir andererseits in der
sprachlich genau gleichgearteten Aussage ‹Der Sohn
des Menschen ist der Messias› versucht sind, die beiden Bezeichnungen ‹der Sohn des Menschen› und
‹Messias› just einander gleichzusetzen. Die Sonderbarkeit läßt sich wohl so erklären: Im Dorf folgt jeweils dem alten Dorfbäcker ein junger und dem einen Präsidenten ein neuer, und nun trifft es sich für
kurze Zeit, daß die beiden sehr verschiedenen Bezeichnungen für den gleichen Mann gelten. Auf den
Sohn des Menschen hingegen folgt kein junger und
auf den Messias kein neuer; die beiden Bezeichnungen werden vielmehr innerhalb der christlichen Lehre zu allen Zeiten ausschließlich für einen einzigen
Mann gelten. Und da zudem von den beiden Ausdrücken der eine, nämlich ‹der Sohn des Menschen›,
uns Heutigen auf Anhieb dunkel und unverständlich

erscheint, der andere aber, nämlich ‹der Messias›, eine Wunsch- oder Sehnsuchtsvorstellung darstellt, wird man durch die scheinbare Gleichsetzung nahezu zwangsläufig zu der Täuschung verführt, der schwierigere Ausdruck bedeute eben dasselbe wie der bekanntere. Nein, die beiden Ausdrücke bedeuten nicht das gleiche, sondern weit Auseinanderliegendes.

Das zweite Bild – «und kommen auf den Wolken des Himmels» –, ebenfalls im Bilderschatz des Volkes vorrätig, nimmt Bezug auf ein Traumgesicht des Propheten Daniel. Der Prophet Daniel erzählt, er habe im Traum «einen, der einem Menschensohn glich», auf den Wolken des Himmels fliegen sehen (Dan 7,13–14):

Ich schaute in den Nachtgesichten, und sieh, auf den Wolken des Himmels kam einer, der einem Menschensohn glich, und gelangte bis zu dem Hochbetagten, und er wurde vor ihn geführt. Ihm wurde Macht verliehen und Ehre und Herrschaft, daß die Völker aller Nationen und Sprachen ihm dienten. Seine Macht ist eine ewige Macht, die niemals vergeht, und nimmer wird sein Reich zerstört.

Wie alle, die das ‹ewige Leben› gewonnen haben, wird auch Jesus, wenn nach seinem nun bevorstehenden Tod das Reich Gottes kommt, in irgendeiner Weise ‹dabei› sein. Es läßt ihn gewiß unbekümmert, wie seine Wiederkunft vonstatten gehen wird. Sicherlich aber stellt er sich nicht vor, er werde auf einer Wolke einherfahren, wie jener, der einem ‹Menschensohn› – das heißt: einem Menschen – glich, von

dem der Prophet Daniel träumte. Auch für dieses
Bild gilt dasselbe wie für das erste: Die kommende
Wirklichkeit wird zwar anders, aber nicht weniger
wundersam sein. Übrigens benutzt Jesus das Traumgesicht des Propheten Daniel mit umgekehrter
Fahrtrichtung: Daniel träumte, jener Menschensohn
sei hingeflogen zum Hochbetagten, zu Gott also, der
ihn als den großen Weltkönig in Macht und Herrlichkeit einsetzte; in dem Selbst-Bild Jesu ist die Wol-
kenreise keine Hinfahrt zu Gott, sondern eine Rück-
fahrt zur Erde, eine sieghafte Wiederkunft.

So hat Jesus als Gefangener vor den glühenden Gegnern seinem ihm abgenötigten Bekenntnis, er sei der
Messias, diese beiden hochfahrenden Bilder nachge-
schickt, deren Höhe und trotziger Stolz die Männer
des Rates davor zurückhielten, in ein Hohngelächter
auszubrechen. Sie sitzen da, erschreckt, staunend,
empört. Da zerreißt der Hohepriester sein Gewand
und sagt: «Er lästert Gott...» Seine Würde verlangt
diesen Zornausbruch. Seine wütende Verzweiflung
aber ist gemischt mit Jubel über die endlich gelunge-
ne Erledigung des Vielgehaßten.

Furchtlos hat Jesus gesprochen. In seinen Worten ist
Stolz, Unbeugsamkeit, Trotz, aber auch Kühnheit,
Siegesgewißheit. Nach diesen Worten wurde der
Sohn des Menschen überantwortet in die Hände der
Menschen. Sein grausamer Tod ist von dieser Welt.
Sein Sieg ist nicht von dieser Welt.

Brach es und sagte

Nie hat ein Wort Jesu die Jünger so jählings erschreckt wie jenes, als er bei seinem letzten Passamahl, dem Abendmahl, wie wir es nennen, das Brot
nahm, es nach kurzem Dankgebet brach und sagte:
«Das ist mein Leib.»

Der Meister hatte den Wunsch geäußert, noch einmal
vor seinem Tod das Passamahl mit seinen Jüngern zu
halten. Diese altvertraute Gemeinschaftsfeier, bei der
man im Familien- oder Freundschaftskreis ein Lamm
verspeiste, war ein Hauptbestandteil des mehrtägigen
Passafestes, angeordnet seinerzeit von Mose selbst zur
Erinnerung an den von ihm angeführten glücklichen
Auszug der Israeliten aus der ägyptischen Gefangenschaft.

Wie jede Mahlzeit, so wurde auch diese eröffnet
durch das Verteilen von Brot. Der Tischherr brach es,
segnete es, reichte jedem Tischgenossen ein kleines
Stück, worauf jeder das erhaltene Stück aß. Beim
Passamahl mußte das Brot ungesäuert sein – zur Erinnerung an den beim damaligen Aufbruch eingetre-
tenen Umstand, daß die Israeliten in der Eile keine
Zeit gehabt hatten, die Brote durchsäuern zu lassen,
so daß sie in den ersten Tagen ungesäuertes Brot essen

mußten. Während der Tage der Passazeit hatte man, nach des Mose Vorschrift, peinlich darauf zu achten, daß sich im ganzen Haus nicht das kleinste Stückchen gesäuertes Brot befand. Die Gemeinschaftsfeier des Passamahls war, dem gefeierten Ereignis entsprechend, von freudiger Art. Und mit stiller Heiterkeit pflegte man wohl den faden Geschmack des ungesäuerten Brotes – eine im Verhältnis zur tödlichen Gefahr jenes damaligen Unternehmens recht nebensächliche Unbill – erinnerungsfreudig auf sich zu nehmen.

Dem Tischherrn oblag es, mit einigen Worten jenes weit zurückliegenden Ereignisses zu gedenken. Und wenn er zu Beginn der Mahlzeit die dünnen Brote mit einem Dankspruch zur Hand nahm und eines davon brach, so mochte er etwa (nach 5 Mose 16,3) gesprochen haben: ‹Das ist das Brot des Elends, das sie damals aßen.› Das Brot des Elends hieß: das Brot der Fremde und der Not.

Und was geschah nun, als der Meister im Kreis seiner Jünger sein letztes Passamahl feierte? Die drei ersten Evangelisten berichten übereinstimmend (hier nach Mk 14,22):

Und als sie aßen, nahm er das Brot, sprach das Dankgebet darüber, brach es, gab es ihnen und sagte: Nehmt! Das ist mein Leib.

Im Augenblick, da er als Tischherr das Brot zu verteilen hat und jeder die altvertraute Erklärung erwartet: das sei das Brot, das die Väter damals gegessen hätten – da hebt er an und beginnt eben diesen gewohnten Satz: «Das ist –», lenkt ihn aber jählings ab, ganz anderswohin, und sagt: «– mein Leib.» Das ist mein Leib. Wie dieses Brot gebrochen wird, so wird mein Leib gebrochen werden.

Gewiß, die Jünger hatten erwartet, daß er bei diesem Mahl von seinem bevorstehenden Tod sprechen werde, sie hatten seinen Abschiedsworten zwar mit Bangen, aber mit Fassung entgegengesehen. Daß er aber jenes auf das Ereignis einer längst vergangenen Zeit weisende Wort, das sie alle erwarteten, zwar beginnt, es jedoch sogleich umlenkt auf das in der Gegenwart bevorstehende Schreckliche – dies mußte ihnen wie ein grausamer Scherz vorkommen. In die milde Vertrautheit des Zusammenseins, der sie sich trotz allem hinzugeben bereit waren, war ein Blitzstrahl gefahren.

Hinzu kam noch dies: Als er ansetzt zu der altvertrauten Erklärung, da setzt er wohl auch an zu dem erinnerungsvollen Lächeln, das man in diesem Augenblick beim Tischherrn erwartet. Will er gar dieses selbe Lächeln, als er nun das Wort in der erschreckenden Weise abbiegt, der schmerzvollen Fortsetzung zugute kommen lassen? Soll es nun, umgedeutet, jenes Lächeln sein, mit dem einer, der von seinem bevorstehenden Tod zu den Seinen zu sprechen beginnt, über das Schmerzliche hinweghelfen möchte? Das Lächeln, das anfänglich einem ganz anderen, einem heiteren Zweck zu dienen schien, müßte nun in seinem neuen Sinn bei den Jüngern den Schrecken noch schrecklicher gemacht haben.

Man darf nicht annehmen, Jesus habe die Absicht vorgefaßt, er wolle in eben diesem Augenblick und auf eben diese Weise von seinem bevorstehenden Tod reden. Solche Absicht käme einer listig ausgeklügelten Grausamkeit gleich. Nein, was er da tat, entsprang einer Eingebung des Augenblicks. Dabei waren, wie so oft, zwei in seiner Wesensart begründete Dinge beteiligt: Das eine ist seine jederzeit wache Bereitschaft, Gleichnishaftes wahrzunehmen und, sobald es sich ihm bietet, es sofort zu ergreifen – und das andere sein leidenschaftliches Bestreben, die Gedanken, ja selbst eine Fülle von Gedanken, in äußerste Kürze zu prägen und dabei Hartes hart auszusprechen. Eben diese seine zupackende Geistesgegenwart, seine jederzeit sprungbereite Gedankenschärfe mag ihn in jenem winzig kurzen Augenblick veranlaßt haben, den bereits begonnenen herkömmlichen Satz ganz anders, überraschend, kühn, gleichnishaft fortzusetzen: «Das ist – mein Leib.»

Ausgelöst wurde die Gleichnisvorstellung durch das Brechen des Brotes. Im Augenblick des leisen Knakkens, im Augenblick, da das Brot Gewalt erlitt, war für ihn das Gleichnis da: Wie dieses Brot gebrochen wird, so wird mein Leib gebrochen werden. Das Wort ‹brechen› brauchte er dabei nicht auszusprechen: sichtbar, ja hörbar wies er das Brechen und das Gebrochenwerden vor: Seht, das ist mein Leib.

Im nächsten Augenblick aber geschieht etwas Eigenartiges. Sowie er, mit dem Wort «nehmt», das Brot gibt, darreicht, zum Essen verteilt, steht mit einemmal ein anderes, ein zweites Gleichnis da. Der Sinn des Wortes ‹Leib›, aber auch der Sinn der Vergleichssache, des Brotes, verschiebt sich. Das Wort ‹Leib› hat ohnehin doppelte Bedeutung; es heißt ‹Körper› und, im übertragenen Sinn, ‹irdisches Leben›. Jesus könnte unmöglich vom Ende seines Lebens sprechen; was er ‹Leben› nennt, ist stets das unvergängliche ewige Leben. Zerstört wird nicht sein Leben, sondern sein Leib. Im ersten Gleichnis sind beide Bedeutungen des Wortes ‹Leib› vernehmlich: Gebrochen wird sein Körper, gebrochen zugleich sein irdisches Leben. Für das zweite, neue Gleichnis indessen gilt ausschließlich die übertragene Bedeutung: Er gibt nicht seinen Körper, sondern sein Leben; er gibt es hin für alle, für die kommende Welt des höchsten Glücks. Was aber das Vergleichsding, das Brot, und dessen Sinn in den beiden Gleichnissen angeht: Im ersten Gleichnis ist das Brot eine zunächst unversehrte Sache, die Gewalt erleidet, gebrochen, auseinandergerissen wird, deren Form nun, nach erlittener Gewalt, nicht mehr die gleiche wie vorher, sondern in ihrer Ganzheit zerstört ist. Wie dieses Brot gebrochen wird, so wird auch sein Leib und sein irdisches Leben zerstört werden. Im zweiten Gleichnis hingegen ist das Brot eine Sache, welche Labsal, Nahrung, ja Genuß bringt, eine Gabe für alle. Wie er dieses Brot, wie er diese Nahrung verteilt, so gibt er sein Leben zum Wohl aller. – Unmittelbar nebeneinander also zwei ganz verschiedene Selbstgleichnisse Jesu. Das erste spricht in härtester Weise von der Härte des Bevorstehenden, vom gewaltsamen Ende seines irdischen Daseins; das zweite spricht vom Sinn dieses Bevorstehenden. Der Tod seines irdischen Lebens wird Sieg bringen. Er wird nicht Ende, sondern Anfang sein. In diesem zweiten Gleichnis ist Trost. Doch es ist kein milder Trost, wie so mancher andere, der aus der Verlegenheit kommt und mit hilfloser Überredung vom Schmerz weglenken will. Sondern dies ist der kraftvollste Trost: er stellt der unabgeschwächten Härte des Geschicks die ebenso harte und unzerstörbare Gewißheit eines damit verbundenen Glücks entgegen. Und trotzdem, so mannhaft, so stolz und kraftvoll dieser Trost ist, so wird er doch in einer sehr weichen Gebärde ausgedrückt, lächelnd, in der alltäglichen und vertrauten Liebesgebärde des Gebens.

Das Geben, das Aussäen ist die Gebärde seines Lebens schlechthin. Und so mag denn dieses zweite Gleichnis zugleich den Sinn des Bevorstehenden mit dem Sinn seines ganzen Lebens in eins vereinigen: Wie er hier als Tischherr der kleinen Gemeinschaft das Brot verteilt, so hat er zeit seines Lebens seine Botschaft ausgesät und verteilt an alle; und wie er jetzt und hier ein letztes Mal das Brot verteilt, so wird er nun das Letzte, das ihm in seinem irdischen Dasein bleibt, auch noch dahingeben, ebenfalls für alle. Jetzt steht der Sohn des Menschen, der Kämpfer für den Menschen, vor seinem letzten Einsatz, jetzt wird er fallen für seine Sache, die die Sache der Menschheit ist.

Zur Gebärde des Darreichens gehört auf der Seite der Empfangenden die Gebärde des Entgegennehmens. «Nehmt», sagt er, und sie nehmen. Die Handlung der Jünger, das Entgegennehmen und danach das Essen des Brotes, ist in das Gleichnis einbezogen. Und in dem engen Raum der Tafelrunde werden die Jünger zu Vertretern der Menschheit.

Man wird uns entgegenhalten, nach dem Wortlaut des überlieferten Berichtes der drei ersten Evangelien begleite sein Wort «Das ist mein Leib» gar nicht das Brechen des Brotes, sondern erst die spätere Handlung des Verteilens: «Nehmt – das ist mein Leib.» Nun erfolgen ja die beiden Verrichtungen, das Brechen und das Geben, nicht in der Weise getrennt, daß er zuerst das Brot in ein Dutzend Bissen brach und hernach dieses Häufchen Bissen verteilte. Sondern die beiden Handlungen erfolgen abwechslungsweise: er brach und gab den ersten Bissen, brach und gab den zweiten und so weiter. Unsere drei Evangelisten, im Streben nach Raffung, erwähnen der Reihe nach die verschiedenen Verrichtungen und lassen erst danach sein Wort folgen, also: er nahm, dankte, brach es, gab es – und erst jetzt: und sagte... Auch Paulus erwähnt in einem Brief die Abendmahlsszene (1 Kor 11,23–24):

... daß Jesus, der Herr, in jener Nacht, in der er ausgelie-

fert wurde, Brot nahm, das Dankgebet sprach, das Brot
brach und sagte: Das ist mein Leib, er ist für euch,
(nehmt, eßt).

Hier stehen die Handlungen in der natürlichen Rei-
henfolge. Wir dürfen uns an diesen Ablauf halten.

Was die beiden Gleichnisse betrifft, so stellen wir
höchst Seltsames, Einmaliges fest. Der kurze Satz
«Das ist mein Leib» enthält nicht etwa die beiden
Gleichnisse selbst. Er stellt seiner Form nach nur die
Erklärung dar, *was* in einem zu deutenden Gleichnis
wem gleichzusetzen sei. Eine deutende Erklärung
aber, soweit sie nötig ist, pflegt man höchstens dem
Gleichnis nachzuschicken. Doch hier geht sie voraus,
kündigt das Gleichnis an; ja sie kündigt sogar deren
zwei an. Und diese werden nicht in Worten ausgesprochen, sondern lediglich in ganz einfachen, ja gewohnten Tätigkeiten angedeutet. Das erste besteht
im Brechen des Brotes, das zweite im Geben und
Nehmen des Brotes, und die kleine Aufforderung
«nehmt» unterstützt den Wechsel vom ersten zum
zweiten.

Die beiden durch das Wort ‹Leib› geweckten Vorstellungen ‹Körper› und ‹irdisches Leben› lagen für
die Damaligen, und zumal für die Menschen jenes
Kreises, nahe beieinander. Der ganz leichte Anstoß
«nehmt» genügte, und der Wechsel von der einen
Vorstellung zur anderen erfolgte in selbstverständli-
cher, in zwangsläufiger und trotzdem ungezwunge-
ner Weise. Denn für die Jünger war doch der Gedan-

ke ausgeschlossen, der Meister, der ja leibhaftig in ihrer Mitte saß, verteile nun unter sie seinen Leib, seinen Körper, damit sie ihn in Stücken essen. Nein, er gibt das ‹irdische Leben› hin zur Rettung seiner Botschaft, und das ist zugleich: zur Erfüllung der ihm zugewiesenen Aufgabe, so daß das Reich Gottes kommen kann; er gibt es hin für alle: für die kommende Glückseligkeit der Menschen. Das Umstellen von dem einen Gleichnis zum anderen erfordert keine Anstrengung – im Gegenteil, Anstrengung würde es kosten, wollte man die Vorstellung vom wörtlich-körperlichen Leib, die zur einen Tätigkeit, dem Brechen paßt, nun auch für die andere, das Verteilen und Essen, beibehalten.

*

Nach dem Mahl pflegte man, wiederum nach einem kurzen Wort des Tischherrn, den Wein herumzubieten. Damals nun, als er den Jüngern den Kelch reicht, wiederholen sich, jetzt mit dem Wein, die beiden selben Gleichnisse. Nun heißt es (Mk 14,23–25):
Und er nahm den Kelch, sprach das Dankgebet, reichte ihn den Jüngern, und sie tranken alle daraus. Und er sagte zu ihnen: Das ist mein Blut des Bundes, das für viele vergossen wird. Wahrlich ich sage euch: Ich werde von der Frucht des Weinstocks nicht mehr trinken, bis zu dem Tag, wo ich von neuem davon trinken werde im Reich Gottes.

Wie er vom gebrochenen Brot sagte: «Das ist mein Leib», so sagt er jetzt vom Wein: «Das ist mein Blut.» Nun sind aber dem Wort «Blut» zwei Aussagen beigegeben. Erstens wird da gesprochen vom Blut «des Bundes» (oder «des neuen Bundes»); diese rätselhafte Beifügung wollen wir beiseite lassen; ihre Behandlung im Anhang wird zeigen, daß er sie, wenigstens in diesem Satz, nicht gesprochen hat. Zweitens ist dem Wort «Blut» der Zusatz beigegeben: «das für viele vergossen wird.» Diesen hat Jesus gesprochen; denn er ist, wie wir zeigen werden, für die Aussage notwendig. – Er sagte, als er den Kelch reichte: «Das ist mein Blut, das für viele vergossen wird», nicht mehr, aber auch nicht weniger.

Die beiden Gleichnisse, die er mit dem Brechen und dem Verteilen des Brotes seinen Tischgenossen sichtbar machte, bestätigt er jetzt beim Reichen des Weines. Dem Brot entspricht jetzt der Wein, dem Leib das Blut, dem Brechen das Vergießen. Auch das Blut ist beides: ein körperhaftes Ding und zugleich Träger des irdischen Lebens; wer sein Blut hingibt, gibt sein Leben hin. – Was aber dem Vergleichsding, dem Wein geschieht, ist sehr verschieden vom dem, was dem Brot geschieht. Dem Brot wird beim Brechen vor aller Augen Gewalt angetan. Der Wein erleidet keine entsprechende Gewalt. An ihm also kann Jesus das Gewalt-Erleiden nicht sichtbar vorzeigen, wie er es am Brot konnte; er muß sprechend darauf hindeuten. Er tut dies mit der Beifügung *«das vergossen wird»*, die sich zwar nur auf das Wort ‹Blut› bezieht, im Hinblick auf den ‹Wein› aber die Vorstellung geweckt haben mag: ‹der aus dem Weinschlauch in das Trinkgefäß ausgegossen wird› – das verwendete griechische Verb geht für beides, für ‹vergießen› und ‹ausgießen›.

Hier, beim Wein, kann nur die dem zweiten Gleichnis entsprechende Handlung sichtbar gezeigt werden: das Darreichen. Immerhin war das Verteilen des Brotes augenfälliger, dem Aussäen ähnlicher; denn er reichte die Bissen nach rechts und nach links in die Hand eines jeden; jetzt läßt er den Kelch kreisen, oder er selber tritt der Reihe nach zu jedem hin, um ihn trinken zu lassen. Darum bedarf auch das zweite Gleichnis, das Verteilen, einer Unterstützung durch das Wort; sie wird geleistet durch den kleinen Ausdruck *«für viele»:* für euch alle, für alle Menschen.

Was Jesus hier spricht, ist von äußerster Knappheit. Genügten beim Brot die bloßen Worte «Das ist mein Leib», so sind hier, beim Wein, ein paar zusätzliche Worte erforderlich, aber auch diese beschränkt er auf das sparsamste Notwendige. «Das ist mein Blut, das für viele vergossen wird.»

Und nun, da das Mahl zu Ende ist, nach dem Herumreichen des Weines, setzt Jesus zu einer kleinen Abschiedsrede an. Zu ihr leiten die Worte über: «Wahrlich, ich sage euch: Ich werde von der Frucht des Weinstocks nicht mehr trinken bis zu dem Tag, wo ich von neuem davon trinken werde im Reich

140

Gottes.» Öfters schon hatte er von der Gewißheit gesprochen, er werde, wenn sich einmal das Reich Gottes verwirkliche, auch dabei sein. Und mit leisem Lächeln – denn er benutzt wieder einmal die volkstümliche naive Vorstellung von der Tafelrunde des Reiches Gottes – sagt er, erst dort werde er wieder Wein trinken. Die umschreibende Wendung «von der Frucht des Weinstocks trinken», von alters her vom Tischherrn im kurzen Wort bei der Eröffnung des Mahles gebraucht, jetzt aber von Jesus in diesem rührenden Zukunftsbild wieder aufgenommen, mag nun, in dem veränderten Zusammenhang, die ihr innewohnende liebliche Umständlichkeit neu spürbar machen. Aber das Lächeln Jesu gilt zugleich und vor allem dem stolzen und zuversichtlichen Gedanken: Unser letztes Festmahl feiern wir – es ist nicht das letzte!

Das Blut des neuen Bundes

Was wir soeben an den Worten und Vorgängen beim letzten Passamahl Jesu beobachtet haben, möge nun, gewissermaßen in einem Anhang, durch zwei ergänzende Kapitel abgerundet werden.

★

Als Jesus den Jüngern den Wein darbot, soll er nach dem überlieferten Wortlaut gesprochen haben (Mk 14,24):

«Das ist mein Blut des (neuen) Bundes, das für viele vergossen wird.» Wir glaubten hiervon die Worte «des (neuen) Bundes» als eine Beifügung streichen zu müssen – worüber wir noch Rechenschaft schuldig sind. Mit dieser Beifügung hat es, so scheint mir, eine seltsame Bewandtnis. Ohne Zweifel ist der Ausdruck dem Wort nachgebildet, das seinerzeit Mose beim sogenannten ‹Bundesopfer› sprach (2 Mose 24,8):

Da nahm Mose das Blut, besprengte das Volk damit und sprach: Seht, das ist das Blut des Bundes, den der Herr mit euch geschlossen hat.

Nun aber überrascht uns ein sehr auffälliger Umstand: Wo Mose das hebräische Wort ‹berit / Bund› brauchte, steht in unserem Abendmahlswort auf griechisch etwas ganz anderes; die Evangelisten schrieben ‹diatheke›, was eindeutig ‹Testament› (letztwillige Verfügung) heißt. Und so übersetzt denn Luther: «Das ist mein Blut des neuen Testaments», was allerdings die Stelle sehr rätselhaft erscheinen läßt.

Vielleicht der erste, der die sonderbare Beifügung zu erklären versuchte, ist der uns unbekannte Verfasser des Briefes an die Hebräer (Ende 1.Jh.). Er bringt das Wort in Zusammenhang mit einer Weissagung des Propheten Jeremia, die er aus dem Hebräischen ins Griechische übersetzt und wörtlich zitiert. Der Prophet Jeremia weissagt darin einen «neuen Bund», den Gott mit den Israeliten schließen werde. Auch hier finden wir das hebräische ‹berit / Bund› mit dem griechischen ‹diatheke / Testament› übersetzt. Der Briefschreiber will offenbar seinen Lesern zeigen (beinahe hätte ich gesagt: weismachen), daß ‹diatheke› auch ‹Bund› heißen könne und daß deshalb Jesus im Abendmahlswort tatsächlich das gleiche gesagt habe wie seinerzeit Mose, nämlich: «Das ist das Blut des Bundes», so daß jener Bund der «alte» Bund, dieser aber der «neue» sei. Im Brief an die Hebräer lautet das Jeremia-Zitat (Hebr 8,8–10.12, nach Jer 31,31–34):

Siehe, es werden Tage kommen, spricht der Herr, da werde ich mit dem Hause Israel und mit dem Hause Juda einen neuen Bund schließen, nicht wie der Bund war, den ich mit ihren Vätern geschlossen habe, als ich sie bei der Hand nahm, um sie aus dem Land Ägypten herauszuführen; denn sie sind nicht bei meinem Bund geblieben, und darum kümmere ich mich nicht mehr um sie, spricht der Herr. Dies nämlich wird der Bund sein, den ich mit dem Haus Israel nach jenen Tagen schließen werde, spricht der Herr: Ich will meine Gesetze in ihren Sinn legen und in ihre Herzen schreiben, und ich will ihr Gott sein, und sie sollen mein Volk sein... Ich werde gegen ihre Ungerechtigkeiten gnädig sein und an ihre Sünden nicht mehr denken.

Diese Weissagung des Jeremia, so meint offenbar der Verfasser des Briefes, sei später, beim letzten Abendmahl Jesu, in Erfüllung gegangen. Denn jenen ersten Bund, so heißt es da, habe Gott mit den Israeliten geschlossen, als er sie aus Ägypten herausführte; und der Briefschreiber könnte weiterfahren: in der Tat pflege man ja dieses Ereignis beim Passamahl zu feiern, und nun, wiederum bei einem Passamahl, seinem letzten, habe Jesus verkündet, daß Gott jetzt und zu dieser Stunde den von Jeremia geweissagten neuen Bund mit den Menschen, mit allen, schließe.

Über die Reinigung der Menschen, die damals beim Bundesopfer des Mose stattgefunden, sagt unser Briefschreiber in seinen Erklärungen (Hebr 9,13–14): Wenn damals im

ersten Bund das Blut von Böcken und Stieren die damit
besprengten Unreinen so gereinigt habe, daß sie rein wurden, wieviel mehr vermöge das Blut Christi, als makello-
ses Opfer dargebracht, unser Gewissen zu reinigen... Freilich macht es den Anschein, es sei dem Briefschreiber bei
solchen Gedanken doch nicht ganz geheuer; er fügt bei
(Hebr 9,22): «Und es ist nahezu so, daß nach dem Gesetz
alles mit Blut gereinigt wird und daß es ohne Blutvergie-
ßen keine Vergebung gibt.» Man beachte das recht verle-
gene Wörtchen «nahezu»; es verrät immerhin ein Be-
fremden vor dieser absonderlichen, aber doch (vermeint-
lich) von Gott geschaffenen blutigen Ordnung...

Nein, als Jesus bei jenem Abendmahl von dem Blut
sprach, das für viele vergossen werde, kann er unmöglich
gemeint haben, daß die Hingabe seines irdischen Lebens
ein Blutopfer sei, das die Menschen von ihren Sünden rei-
nige. Nichts widerspricht der Lehre und dem Gottesverständnis Jesu mehr als der Gedanke an eine stellvertreten-
de und blutige Abgeltung der Sünden. Den Menschen allein ist die Verantwortung zugewiesen: *sie* sollen ihre Gesinnung ändern; wer den Nächsten liebt, *dem* wird verziehen.

Wohl hat Jesus damals beim Zeigen des Weines gesprochen von dem Blut, «das für viele vergossen wird», aber
«Blut des (neuen) Bundes» kann er nicht gesagt haben.
Sonst müßten wir auch die Unglaublichkeit annehmen,
daß zu den zwei bereits festgestellten Gleichnissen noch
ein drittes hinzuträte, ein finsteres und grausiges, das lauten würde: Dieser Wein, der mein Blut ist, ist zugleich
Opferblut des neuen Bundes und entspricht dem Opferblut von Kälbern und Böcken, mit dem der alte Bund ge-

weiht wurde! – Hinzu aber kommen zwei Beweispunkte, welche die Erwähnung eines Bundes in diesem Abendmahlswort ausschließen.

Der erste ist sprachlicher Art. Hätte Jesus damals jenen «neuen Bund» erwähnt, so hätte er, der Hebräisch sprach, wohl dasselbe Wort gebraucht wie Jeremia, nämlich ‹berit›, oder sonst eines, welches Bund heißt. Und die Evangelisten hätten dieses Wort gewiß nicht mit ‹diatheke› wiedergegeben, das nicht Bund, sondern eben Testament bedeutet. Es wäre mehr als sonderbar, wenn sie von den zahlreich sich anbietenden Ausdrücken für Bund, Bündnis, Abmachung, Vertrag, Vereinbarung und so weiter keines gewählt hätten, sondern ausgerechnet ein unbrauchbares, das eine besondere Art einseitiger Verfügung bedeutet, nämlich Verfügung für den eigenen Todesfall. Daß ‹diatheke› nie etwas anderes geheißen hat, verrät gerade unser Briefschreiber selbst, der doch dem Wort die Bedeutung ‹Bund› aufnötigen möchte. Er gibt selber zu, daß es eigentlich Testament heißt; er versucht nämlich eine Brücke zu schlagen – eine recht wackelige – von der wirklichen Bedeutung ‹Testament› zu der von ihm gewünschten ‹Bund› (Hebr 9,16–18): «Denn wo ein Testament (eine ‹diatheke›) vorliegt, da muß der Tod dessen nachgewiesen werden, der es errichtet hat; denn es ist niemals rechtskräftig, solange der lebt, der es errichtet hat. Und deshalb ist auch der erste Bund (die erste ‹diatheke›) nicht ohne Blut geweiht worden.» Also: weil einerseits ein Testament erst Gültigkeit bei einem Todesfall erhalte und weil andererseits der erste Bund durch das Blut und den Tod von Opfertieren, der zweite Bund durch das Blut und den Tod Christi Gültigkeit erhalten habe, so könne, wird da angedeutet, ein derartiger auf Blut gegründeter ‹Bund› eben mit der Bezeichnung «diatheke» (Testament) wiedergegeben werden…

Der zweite Beweispunkt, der vollends entscheidende: Von einem neuen Bund kann Jesus nicht geredet haben, weil dies seiner Sendung widerspräche. Er betonte stets, er sei gekommen zu erfüllen, nicht aufzulösen. Gott hat schon lange, ja von allem Anfang an, den Menschen das Grundgebot der Nächstenliebe auferlegt. Und wenn er mit den Menschen eine Abmachung getroffen hat, so ist es die: Wenn sie dieses Gebot erfüllen, sei er bereit, sein Reich auf sie auszudehnen. Jesus will die Menschen dazu bringen, dieses seit jeher bestehende Angebot anzunehmen und mit der Befolgung des Grundgebotes Ernst zu machen. Er kann sein Leben und sein Wirken nicht als die Erfüllung jener Weissagung des Jeremia auffassen. Und gewiß würde Jesus dem Verfasser des Hebräerbriefes aufs heftigste widersprechen, wo dieser ihn (Hebr 7,22) «eines besseren Bundes Bürgen» nennt. Es gibt keinen alten und schlechteren und keinen neuen und besseren Bund. Der eine und einzige Bund, die eine und einzige Abmachung Gottes mit den Menschen besteht seit jeher; die Menschen haben diese Abmachung, dieses Angebot Gottes bloß verkannt oder nicht beachtet. Damit haben sie auch am Wesen Gottes vorbeigeschaut. Jesus lehrt sie das Wesen Gottes schauen.

*

Und nun unsere Frage. Wenn aber Jesus in dem Abendmahlswort sicher nicht vom Blut des Bundes gesprochen hat und wenn somit die Worte «des (neuen) Bundes» eine Zutat sind – was soll mit dieser Zutat geschehen? Weg damit? Seien wir nicht voreilig; fragen wir lieber, woher sie gekommen sein mag. Hätten die Evangelisten, auf Mose und Jeremia gestützt, hier das Wort «des (neuen) Bundes» beigefügt, so hätten sie, wie gesagt, ein griechisches Wort für ‹Bund› gewählt, das Wort ‹Testament› wäre ihnen gar nicht eingefallen. Was mochte geschehen sein?

Jesus stand vor dem Ende seines irdischen Lebens. Er konnte an jenem Abend gar wohl von einem Testament gesprochen haben, nämlich seinem eigenen – aber nicht jetzt, beim Herumreichen des Weines, sondern später, im Verlauf seiner anschließenden Abschiedsworte. Und von dort mag das Wort ‹Testament›, und zwar schon in der Verbindung mit ‹Blut›, möglicherweise schon in einem Ausdruck wie ‹das Blut des Testaments› hierher geraten sein. Auf welche Weise? Wir können nur Vermutungen anstellen – aber versuchen wir es!

Er könnte in seiner Abschiedsrede etwa gesagt haben: Wer vor dem Ende dieses irdischen Lebens stehe, pflege in seinem Testament Anordnung zu geben, was er von seinem irdischen Hab und Gut wem vermache; was aber habe er, Jesus, zu vermachen? Er habe keinen anderen irdischen Besitz als seinen Leib und sein Blut. Und diesen letzten Besitz gebe er hin für alle Menschen. Seinen Leib und sein Blut vermache er allen Menschen. Dies sei sein Testament... Wie man aber das Geld, das einer vermacht, als ‹das Geld seines Vermächtnisses› bezeichnen könnte, so konnte denn auch Jesus in diesen Abschiedsworten vom ‹Leib und Blut meines Vermächtnisses›, also auch vom ‹Blut meines Testaments› gesprochen haben.

Was dabei das in einem Teil der Handschriften überlieferte Wörtchen «neu» betrifft, so mag es, eben im Anschluß an die Jeremia-Stelle, hinzugesetzt worden sein. Doch kann es schon im Wort Jesu selber seinen guten Sinn gehabt haben: Das Wort ‹neu› beim Begriff ‹Testament› bedeutet soviel wie ‹gültig›; denn ein Testament wird ungültig, sobald es durch ein neues ersetzt wird; das ‹neue› ist das gültige und enthält den ‹letzten› Willen.

Sprach er aber in jenen Abschiedsworten von seinem Testament, der Verfügung über seinen eigenen Nachlaß, so hörte sich dies angesichts seiner Besitzlosigkeit erstaunlich und widerspruchsvoll an. So redete er denn, wie es nicht anders möglich ist, in übertragenem und gleichnishaftem Sinn: Wie einer im Testament erkläre, wem er sein Gut verschreibe, so erkläre er nun, wem er seinen letzten irdischen Besitz vermache – allen Menschen insgesamt. Über solcher Rede muß dasselbe sehr ernste Lächeln gelegen haben wie über jenen gleichnishaften, von wenigen Worten begleiteten Handlungen dieses letzten Passamahls.

Als die Evangelisten, im Streben nach Verkürzung, den Ausdruck «des (neuen) Testaments» aus den Abschiedsworten schon an den Satz «Das ist mein Blut» anfügten, entstand der rätselhafte Wortlaut – «Das ist mein Blut des (neuen) Testaments»: «der (neuen) diatheke» –, der die Auslegung auf sonderbare Wege führen mußte. Ja, daß die beiden Teile der Bibel das Alte und das Neue Testament heißen, geht – wie es scheint – auf die Merkwürdigkeit dieser Stelle zurück.

Die christlichen Gemeinden versuchten schon früh, jenes letzte Passamahl, das Jesus mit seinen Jüngern damals feierte, nachzuerleben. Wenn auch bei diesen Erinnerungsmahlen sein Platz leer war, spürten die Gläubigen doch, daß er da war, und sie hatten das sehnliche Verlangen, seine geistige Anwesenheit auch irgendwie körperhaft wahrzunehmen und zu erfühlen. Und wenn es dann hieß, dies sei sein Leib und dies sein Blut, so erhielt für sie das Brot, das sie aßen, und der Wein, den sie tranken, mystische Kraft. Sie glaubten, in dieser Speise und in diesem Trank den Ersehnten in sich aufzunehmen, sie spürten, wie er in sie hereindrang, sie erfüllte. – Damals dagegen, bei jenem wirklichen Mahl des Meisters im Kreis der Jünger, hatten die Jünger gewiß nicht die Empfindung, sie nähmen ihn, den sie ja leibhaftig vor sich sahen, nun im Brot und im Wein in sich auf, und es konnte auch nicht seine Absicht sein, in ihnen eine solche Empfindung zu wecken. Sie verstanden nichts anderes, als was er auch meinte: daß er seinem Tun Gleichniswert gab und ihnen zeigen wollte, er werde nun für sie und für alle Menschen, zur Rettung seiner Botschaft, seinen Leib und sein Blut hingeben.

Nun haben wir uns über den Evangelisten Johannes zu wundern, der doch das Mystische liebt und trotzdem in seinem Bericht über das letzte Passamahl Jesu die eigentlichen Abendmahlshandlungen, das Verteilen des Brotes und des Weines, unerwähnt läßt. Zwar nimmt bei keinem der Evangelisten der Bericht über jenes Mahl so großen Raum ein wie bei Johannes; aber er erzählt von ganz anderem: wie Jesus den Jüngern die Füße wusch, wie er den Judas als seinen Verräter vorausbezeichnete und wie er in weitausladenden Abschiedsworten zu den Jüngern sprach. Nichts aber vom Brechen des Brotes, nichts vom Reichen des Weines. Dieses Verschweigen ist so auffällig, daß man annehmen muß, es könne nur Absicht sein. Ihm mußten doch jene Erinnerungsmahle wohlbekannt sein, bei denen man so hohe mystische Kraft im Genuß des Brotes und des Weines empfand. Will er nun plötzlich von diesen Erlebnissen nichts wissen, so daß er deren Ursprungsszene nicht berichtet? Ganz im Gegenteil, wie wir gleich sehen werden.

Er läßt nämlich Jesus an einem ganz anderen Ort, in der Synagoge von Kafarnaum, eine lange Rede halten über das Brot, das vom Himmel stammt. Mitten im Reden hätten ihn die Leute unterbrochen mit der Bitte (Joh 6,34): «Herr, gib uns dieses Brot», worauf Jesus geantwortet habe: «*Ich* bin das Brot des Lebens; wer zu mir kommt, wird nicht mehr hungern.» Gegen Ende der langen Rede hat man die überraschende Gewißheit, Jesus spreche ja im Grunde vom Genuß des Abendmahls (Joh 6,48 bis 51.54.56):

Ich bin das Brot des Lebens. Eure Väter haben in der Wüste Manna gegessen und sind gestorben; dies dagegen ist das Brot, das vom Himmel herabkommt, damit man davon ißt und nicht stirbt. Ich bin das lebendige Brot, das vom Himmel herabgekommen ist. Wer von diesem Brot ißt, wird in Ewigkeit leben. Aber das Brot, das ich geben werde, ist mein Fleisch; ich gebe es für das Leben der Welt… Wer mein Fleisch ißt und mein Blut trinkt, hat ewiges Leben… Wer mein Fleisch ißt und mein Blut trinkt, bleibt in mir und ich bleibe in ihm.

Zwei Anzeichen verraten die Absicht des Evangelisten Johannes, hier gerade die vom Abendmahl her bekannten Dinge in mystischer Weise zu deuten. Da ist erstens die Erwähnung des Brotes, das die Väter beim Auszug aus Ägypten gegessen hatten, dessen man ja beim Passamahl gedachte: «Eure Väter haben in der Wüste Manna gegessen und sind (später trotzdem) gestorben.» Und da ist zweitens die Tatsache, daß die doch recht lange Rede, die bisher ausschließlich vom himmlischen Brot handelte, nun neben der Speise plötzlich auch den Trank erwähnt, neben dem Fleisch auch das Blut. Und da wird denn der Genuß der Abendmahlsspeise und des Abendmahlstranks, des Brotes und des Weines, in ungehemmtem mystischem Überschwang gedeutet und gepriesen: «Wer mein Fleisch ißt und mein Blut trinkt, hat ewiges Leben und bleibt in mir und ich bleibe in ihm!»

Ist das nicht höchst sonderbar? Der Evangelist Johannes läßt Jesus von diesen Dingen ganz anderswo sprechen, in Kafarnaum – während er dort, wo man's erwartet, später, in der kleinen Stube des letzten Abendmahls, das Brot und den Wein mit keiner Silbe erwähnt. Was beabsichtigt Johannes? Er will, so scheint mir, das mystische Erlebnis, das ihm beim Genuß des Gemeinschaftsmahls so ungemein wesentlich und notwendig ist, von der Erinnerung an jenes letzte Abendmahl des Meisters loslösen, ja befreien. Denn mit diesen Erinnerungen sind Umstände verbunden, die man nach seiner Meinung nicht weiterüberliefern, sondern vergessen sollte – lächelnde Worte und gleichnishafte Handlungen...

Der Evangelist Johannes, ein in gnostisch-mystischer Philosophie gebildeter Mann, hat aus der Überlieferung, die auch ihm vorlag, keine Jesusworte in seinen Bericht aufgenommen, in denen er irgendetwas Scherzendes bemerkte. Er war einer der ersten, die meinten, daß derartige Kühnheiten dem Bild des Christus abträglich seien. Er kennt eine andere Art der Kühnheit, diejenige einer mystischen Schau der Welt und ihres Sinnes, mit Christus in der Mitte. «Im Anfang war das Wort… Das Wort wurde Fleisch und lebte unter uns.» Er läßt Jesus sprechen: «Ich bin das Licht der Welt… Ich bin der Weg…», Worte, die Jesus nach der Überzeugung des Evangelisten Johannes (und der Christenheit insgesamt) zu sprechen berechtigt war – was nicht heißt, daß er sie gesprochen hat; ich kann sie mir im Munde Jesu nicht vorstellen.

Auf den Brauch der Gemeinschaftsmahle, bei denen man in so erlebnisvoller Weise das Brot und den Wein, den Leib und das Blut des Herrn genoß, wollte der Evangelist Johannes beileibe nicht verzichten; er wollte ihn erhöhen. Der Mystiker aber will sich mit dem, wonach er sich sehnt, nicht in gleichnishafter Weise, nicht ‹gleichsam›, sondern wirklich und leibhaftig vereinigen. Daher trachtete Johannes danach, den Gemeinschaftsmahlen ein anderes Herkommen zu verschaffen, und erfand zu diesem Zweck jene Rede, die Jesus in der Synagoge von Kafarnaum gehalten haben soll.

Wie sollte also – nach der Vorstellung des Evangelisten Johannes – das Gemeinschaftsmahl gefeiert werden? Man sollte *nicht* die Handlungen und Worte jenes letzten Passamahls wiederholen und nachvollziehen. Und der Tischherr sollte nicht die gleichnisvollen Worte sprechen: «Damals nahm Jesus das Brot, dankte, brach es und sagte: Das ist mein Leib.» *Sondern* man sollte den Gläubigen – immer nach der Vorstellung des Johannes – mit einigen deutlichen Worten die mystische Bedeutung des lebendigen Brotes (und Tranks) aufzeigen, damit sie des beglückenden Erlebnisses teilhaftig werden, den Herrn und Meister leibhaftig in sich aufzunehmen. Daher sollte der Tischherr Worte zur Tafelrunde sprechen, wie er sie in eben der Rede über das Himmelsbrot fertig vorfindet; er sollte etwa sagen: «Jesus spricht: Ich bin das lebendige Brot, das vom Himmel herabgekommen ist. Wer davon ißt, wird in Ewigkeit leben. Das Brot, das ich gebe, ist mein Fleisch. Wer mein Fleisch ißt und mein Blut trinkt, der bleibt in mir und ich bleibe in ihm.»

In der Tatsache, daß der Evangelist Johannes in seinem Bericht über das letzte Abendmahl Jesu die Aussagen um das Brot und den Wein wegläßt, um davon anderswo nach seiner Art zu reden, könnte man geradezu eine Bestätigung dafür sehen, daß das, was Jesus in jener Tafelrunde tat, zu einem guten Teil – trotz aller Wehmut und Traurigkeit – jenem Bezirk seines Wesens entstammt, aus dem sonst Scherzendes und Paradoxes zu kommen pflegte.

Louis Kretz

Witz, Humor und Ironie
bei Jesus

Mit einem Vorwort von Mario von Galli
148 Seiten, 1981, 2. Auflage 1982

«Im gleichen Maß, in dem das Neue Testament bei
Theologen an Fruchtbarkeit verliert, gewinnt es diese
bei Nichttheologen.

Das jüngste Beispiel hierfür bietet die Schrift eines
Altphilologen, der Jesu Redeweise auf profanen Pfa-
den nachgeht. Auf den ersten Blick erscheinen ‹Witz,
Humor und Ironie› im Neuen Testament überhaupt
unangemessen zu sein. Aber gerade diese sogar in der
weltlichen Literatur unterbewerteten Kategorien erweisen sich für die neutestamentliche Realität als
fruchtbar. Und dies nicht nur literarisch, den schrift-
stellerischen Rang der Evangelien ins Bewußtsein he-
bend, sondern auch theologisch, den Kriterien au-
thentischer Jesusworte drei neue hinzufügend, und
am stärksten anthropologisch. In ‹Witz, Humor und
Ironie›, bisher wenig beachteten Existentialien Jesus,
erfährt der Mensch der ‹Leistungsgesellschaft› am
hellsten den ‹entlastenden› Charakter der Erlösung.»

Reutlinger Generalanzeiger, 26. 2. 1982

Walter-Verlag

Anton Mayer

Der zensierte Jesus

Soziologie des Neuen Testaments

Geleitwort von Norbert Greinacher
320 Seiten, 1. und 2. Auflage 1983

«Die erste Soziologie des Neuen Testaments. Sie zeigt
1. den proletarischen Ursprung des Jesus von Nazaret
und seiner Botschaft, 2. die Stufen der Entproletari-
sierung in NT und Kirchengeschichte durch zum
Teil unbewußte Zensur, 3. die Folgen: Sexismus, An-
tisemitismus und Kapitalismus.
Die Beachtung der soziologischen Gesetzmäßigkeiten
wurde von den Theologen bisher ausgeklammert…
Dem gut lesbaren Werk kommt der Rang einer
Pionierarbeit zu.»

Letzeburger Journal, Luxemburg 12./13. 5. 1983

«Der sich das heilige Buch der Christen so unortho-
dox vornimmt, hat die 27 neutestamentlichen Schrif-
ten über zehn Jahre lang nach Wortbestand, Gram-
matik, Stil wie Inhalt mit den Maßstäben seines Fa-
ches analysiert und so die erste Soziologie des Neuen
Testaments aus der Feder eines Fachmannes erstellt.»

Der Spiegel, 25. 4. 1983

Walter-Verlag